"十四五"职业教育国家规划教材

经全国职业教育教材审定委员会审定

创新创业10步法

（第二版）

陈　宏　翟树芹　梁芬芬　编著

创新创业课程资源库

案例 ● 教案 ● 音视频 ● PPT课件 ● 电子教材

策划方案 ● 课程思政资料和图片 ● 创业计划书

扫描二维码，学习二十大主要精神

南京大学出版社

图书在版编目（CIP）数据

创新创业10步法 / 陈宏，翟树芹，梁芬芬编著. --
2版. -- 南京：南京大学出版社，2022.1（2024.8重印）
ISBN 978-7-305-25369-0

Ⅰ. ①创… Ⅱ. ①陈… ②翟… ③梁… Ⅲ. ①大学生
– 创业 – 高等学校 – 教材 Ⅳ. ①G647.38

中国版本图书馆CIP数据核字（2022）第003342号

"十四五"职业教育国家规划教材

经全国职业教育教材审定委员会审定

创新创业10步法（第二版） 陈宏　翟树芹　梁芬芬　编著

出 版 者　南京大学出版社
社　　址　南京市汉口路22号　　　邮 编：210093

书　　名　创新创业10步法
　　　　　CHUANGXIN CHUANGYE 10 BU FA
编　　著　陈　宏　翟树芹　梁芬芬
责任编辑　尤　佳　　　　　编辑热线　025-83592315

照　　排　南京新华丰制版有限公司
印　　刷　南京凯德印刷有限公司
开　　本　889mm × 1194mm　1/16　印张　8.75　字数　306千
版　　次　2022年 1月第 2 版　　2024年 8 月第 6 次印刷
ISBN　978-7-305-25369 -0
定　　价　58.00元

网　　址　http://www.njupco.com
发行热线　025-83594756　83686452
电子邮箱　press@NjupCo.com
　　　　　sales@NjupCo.com（市场部）

创新创业系列教材编写委员会

创新创业训练推动落地

序

创业项目落地才能生根，生根才能开花结果，而创业训练正是推动创业项目落地的不可或缺的重要环节。

大学生在国家推动的创新创业中扮演着重要角色，是创新创业事业承前启后、继往开来的生力军。国家级大学生创新创业训练计划包括创新训练项目、创业训练项目和创业实践项目三个大类，广州市的大学生创新创业训练计划是由广州市职业能力培训指导中心牵头推动的。

为积极推动广州市大学生创新创业训练，2015年4月广州市职业能力培训指导中心与广东卓启投资有限责任公司签署了《关于联合打造广州市大学生创业实训基地合作协议书》。在广州市人力资源和社会保障局的指导下，由广州市职业能力培训指导中心主导发起，广东卓启投资有限责任公司作为执行主体，2015年5月开始，双方合作共建“广州市大学生创业实训基地”（以下简称实训基地），并以广东岭南职业技术学院创业管理学院为实践落地点，围绕大学生创业实训基地进行了一系列大学生创新创业训练工作，将创新训练项目、创业训练项目和创业实践项目一体化实践落地：

一、广东卓启投资有限责任公司组织广东岭南职业技术学院老师参加了三期广州市职业能力培训指导中心举办的师资班培训，其中有两期是专门为广东岭南职业技术学院定制的培训，总共培训了近100位SYB培训导师。2018年前广州市职业能力培训指导中心和广东卓启投资有限责任公司总共对广州市部分高校大学生进行了1800人次的SYB+实训的培训，通过率达到99%，并以看得见、摸得着还数得清的情景式、可视化训练效果在大学生创业训练中积累了良好的口碑。

二、广州市职业能力培训指导中心整合资源，选拔优秀大学生个人或团队入驻实训基地，组织创业指导专家和创业培训师资力量，为入驻大学生提供创业培训、实训指导、专家咨询、政策落实等服务。广东卓启投资有限责任公司负责落实场地，提供资金投入、项目对接、运营指导等实训扶持。双方在2015年10-11月开展了第一期的卓启创新创业特训营，广州市职业能力培训指导中心共推荐了8所学校经过SYB训练的学生携其项目参加了该特训营，取得了良好的效果。先后共有300余人次参与了多期特训营，其中，珍眼夫项目落地成立了广州轴心科技有限公司，获得了卓启的蚁米基金种子轮投资，并于2017年获得了天使轮投资；口袋飞车项目落地成立了广州布塔智能科技有限公司，获得蚁米基金种子轮投资，后获得多个机构多轮投资。2014-2018年广州市职业能力培训指导中心和广东卓启投资有限责任公司共同合作举办了多期创业成果巡展，在广州市大学生创新创业系列训练中有一定的影响力。

三、由广州市人力资源和社会保障局支持，广州市职业能力培训指导中心牵头，将广州市大学生创业大赛优秀项目、各高校经SYB初步培训后发掘和发现的优秀项目，引导和推荐到实训基地进行创业实践并孵化。广东卓启投资有限责任公司引进了蚁米基金等VC，跟进了多个项目的一系列早期投资，取得了有效的成果。除了前面的“珍眼夫”项目、“口袋飞车”项目，到2017年还有十多个项目获得知名基金松禾资本、广东文投、中科招商的Pre-A轮投资，参加了区、市、省、国家各项创新创业大赛并获得十多个奖项，2017年获得互联网+创业大赛广东省第一名（金奖），并代表广东省参加全国大赛获得第二名（银奖）。广州布塔智能科技有限公司的“口袋飞车”项目估值过亿。

四、广东卓启投资有限责任公司和广州市职业能力培训指导中心合作的大学生创业项目孵化中心成立课程研发团队，以SYB课程系统为参照，结合广州市特点，立项进行广州特色的G-SYB创业课程体系建设和开发，打造具有广州特色的创业课程体系。经过多年的辛勤教学实践、探索、研究和总结，完成了从创新教材落地成果的撰写并陆续出版G-SYB系列丛书。在广州市人力资源和社会保障局和广州市职业能力培训指导中心的指导及参与下，广东卓启投资有限责任公司不断完善改版、继续出版后续创新创业训练教材成果，将其打造成广东省双创教育和双创训练、双创成果落地的特色理论、实践成果，《创新创业10步法》就是后续创新创业训练教材成果之一。

新版《创新创业10步法》于2022年11月进行再次修订，增加了党的二十大精神等学习内容（扫描本教材配套资源库网站二维码）。新版《创新创业10步法》中1-10步的理论部分和相关案例由河北化工医药职业技术学院何米娜老师提供书稿，特此表示感谢！并感谢所有看到和使用此书的人！

陈宏

2022年于广州

目 录
CONTENTS

创新创业10步法第一阶段

创新创业10步法第二阶段

创新创业10步法第三阶段

创新创业10步法

创新创业第一步：
我有创业基因吗？

1-1 如何发现自己的创业基因？

1-2 如何寻找志同道合的创业基因？

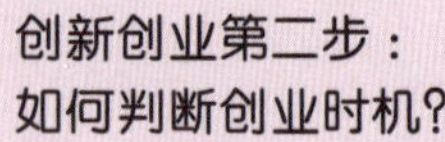

创新创业第二步：
如何判断创业时机？

2-1 市场趋势与创业时机

2-2 赋能与机会

创新创业第三步：
了解创业基本规则

3-1 创业有哪些可以借鉴的法则？

3-2 不适合创业的人与创业误区

《创新创业10步法》第一阶段思维导图树

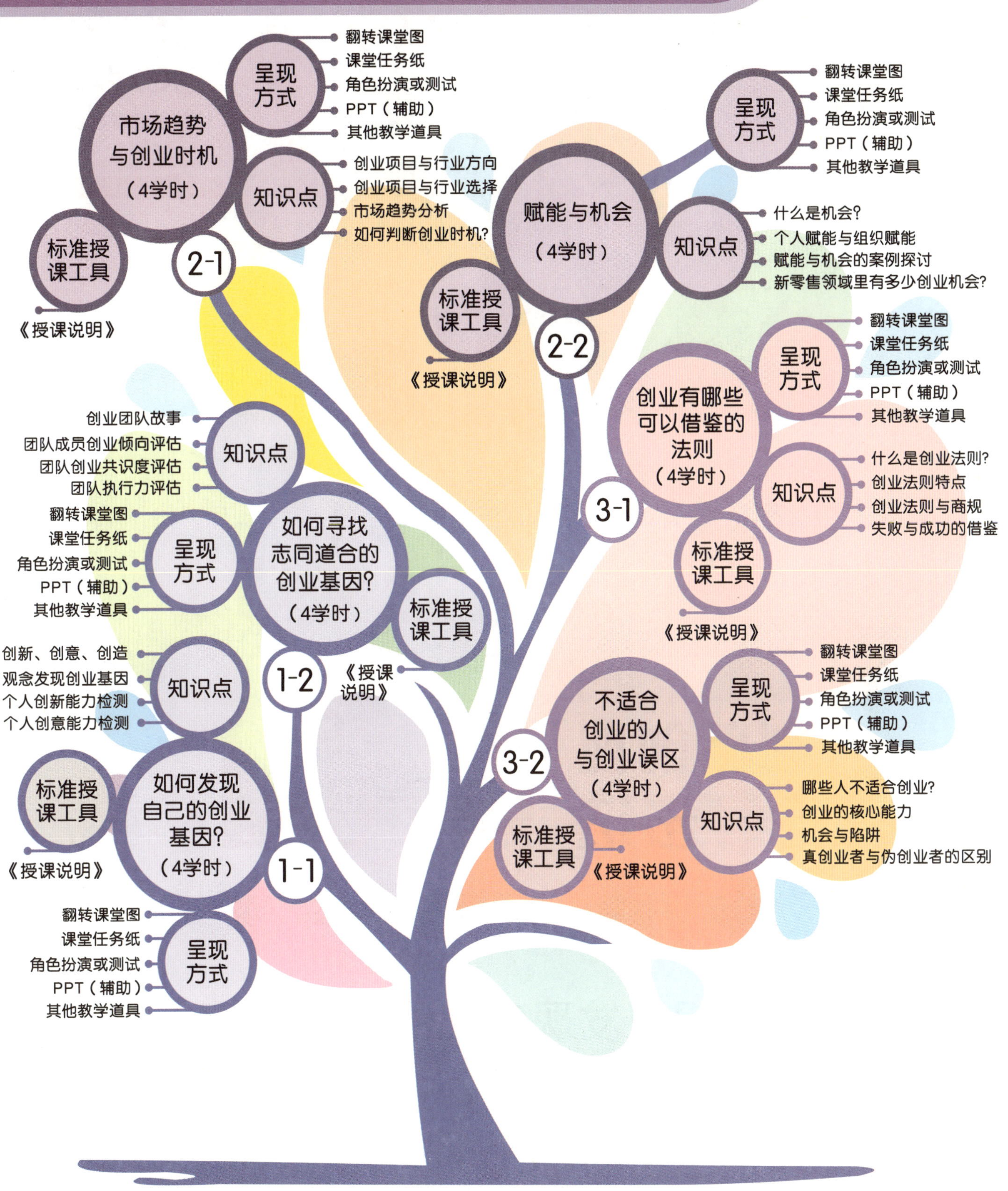

《创新创业10步法》第一阶段1-3步情景式可视化训练　24学时（每个学时45分钟）

创新创业第一步：我有创业基因吗？（4学时+4学时）；创新创业第二步：如何判断创业时机？（4学时+4学时）；创新创业第三步：了解创业基本规则（4学时+4学时）。本思维导图供老师授课前备课参考和学生预习使用。4个学时的课程可一次连上4节课，也可分为两次课（每次2节课）。

经全国职业教育教材审定委员会审定

创新创业课程资源库

案例 • 教案 • 音视频 • PPT课件 • 电子教材

策划方案 • 课程思政资料和图片 • 创业计划书

扫描二维码，学习二十大主要精神

创新创业10步法

创新创业第一步：我有创业基因吗?

1-1 如何发现自己的创业基因?

创新创业10步法

第一阶段 创新创业第一步：我有创业基因吗?

• 可视化翻转课堂图 •

1-1 如何发现自己的创业基因?

A 创新、创意、发明与创造

A1 创新 创新是以新思维、新发明和新描述为特征的一种概念化过程。

A2 创意 有创造性和新颖性的想法通过适合的载体表现出来，让人更容易理解、接受和喜爱。

A3 发明 发明是应用自然规律解决技术领域中特有问题而提出创新性方案、措施的过程和成果。

A4 创造 创造就是把以前没有的事物创立或者制造出来。想出新方法、建立新理论、做出新的成绩或新的产品等都是创造的结果。

A5 每一种颠覆式创新几乎都来自我们不知道自己不知道的事情。

颠覆式创新

创新

A6 局部创新（角度创新、改良式创新）

创造是在创新的基础上制造新事物。

我要成为什么? 我要做出什么?

A7 梦想，是对未来的一种期望，指在现在想未来的事或是努力才可以达到的情况。梦想也是一种让你感觉坚持就是幸福的东西，甚至可以把其视为一种信仰。

A8 实现路径（创业是路径之一）

B 从观念中去发现创业基因

B1 好不好? 好不好是创造 VS 像不像? 像不像是模仿

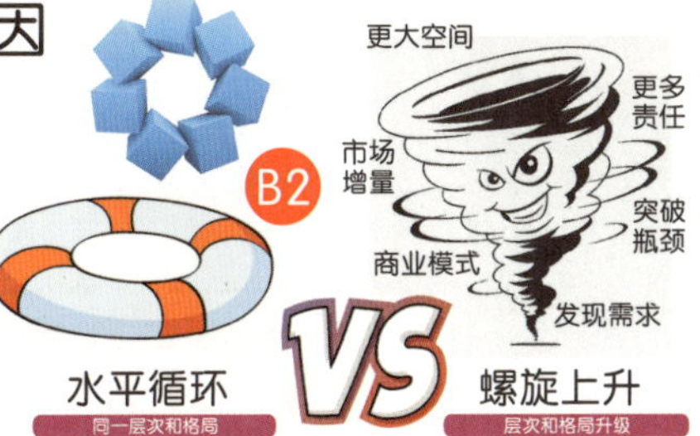

B2 水平循环 同一层次和格局 VS 螺旋上升 层次和格局升级

C 关于能力的探讨

能力是完成有一定难度目标或任务过程中体现出来，能让人看见正面结果的所需技能和综合素质。

C1 生育能力 C2 音乐能力 C3 绘画能力 C4 运动能力

C5 数学能力 C6 演讲能力 C7 创作能力 C8 创业能力

D 个人创新能力检测

D1 即使是十分熟悉的事物，我也常换不同的角度去看。

D2 我评价资料的标准首先是内容，而不是来自哪里。

D3 工作中遇到困难和挫折也不会使我退缩和放弃。

D4 我会做些自寻烦恼的事情。

D5 不在意别人怎么评价自己。

D6 最愉快的事情是对某个问题深思熟虑、精准推敲。

D7 我专注工作时，常常忘记时间。

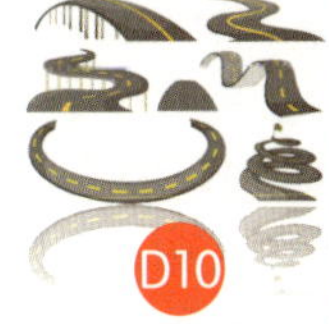
D8 我认为灵感有时能揭开成功的序幕

D9 我对新事物感到好奇，一旦产生兴趣就很难放弃。

D10 遇到问题常从多方面探讨解决路径，而不是拘于一条路。

D11 突破固化的理念、体制和行为方式，才能建立更好的模式。

D12 做我喜欢和热爱做的事，报酬从来都不是第一位的，甚至没报酬我也会做。

D13 我对工作总是充满热情，当一项任务完成后常有兴奋感。

D14 按部就班、循序渐进不是解决问题最正确的方法。

D15 一个人可以走得更快，一群人可以走得更远。

D16 做认为正确的事，即使大多数人反对，也会坚持。

D17 对我而言，懂得舍弃比不断获取更重要。

D18 为什么要做比做了什么重要得多。

D19 我觉得自己还有很大潜力没有挖掘。

D20 无论是成功还是失败，我都善于发现问题，吸取经验和教训。

E 个人创意能力检测

E1 我有与众不同的想法并会尝试有无效果。

E2 我有发明专利，或有相当于发明专利级的产品，或有业内专家。

E3 我学习力强，并且精通某个方面。

E4 我爱看科普文章和科普栏目。

E5 我喜欢物理和喜欢研究新事物。

E6 我不太在意从工作中获取多少报酬，关键是兴趣和爱好。

E7 我经常沉浸于思考状态。

E8 我的想象力和逻辑力很强。

F 个人执行力检测

F1 时间管理能力
善用，时间能变金子；浪费，时间成流水。

F2 实现目标的能力
你最有价值的地方不在知道多少，而在能做到多少?

F3 计划能力
不去计划成功，就是有计划失败。

F4 工作能力
工作让我成长，工作使我快乐！

F5 组织能力
个人力量要转化成组织力量才更有力量。

F6 行动力
心动不如行动，行动才会有收获。

F7 自制力
在适合的时间适合的地点，说适合的话，做适合的事。

F8 情绪控制能力
人在愤怒的瞬间，智商迅速归零。

F9 专注力
因为专注，所以更出色。

F10 灵活性
世界不过来，我们过去。

F11 观察力
善于观察，就能发现机会。

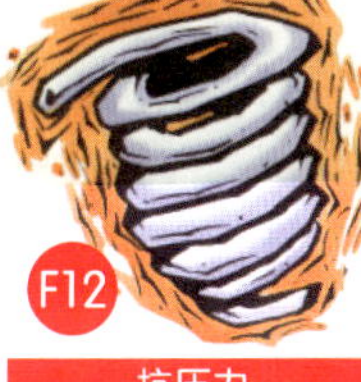
F12 抗压力
困难就像弹簧：你强，它就弱；你弱，它就强。

1-1 如何发现自己的创业基因？

为美好而创

【问题聚焦】

人类诞生以来，就在不断地认识世界、改造世界，从而让世界变得更加美好。每个个体凭借自身的认知、能力与智慧，不断进化、不断成长。在与自然和社会共生的过程中，人类发挥主观能动性，通过不断创造让世界变得五彩缤纷，诞生了各具特色的人类文明，正所谓“各美其美、美人之美、美美与共、天下大同”。故从某种程度上而言，人类轰轰烈烈的创新与创业实践，创造了形形色色的文化与文明。

迈入新时代，世界被贴上 VUCA 的标签，我们生存的环境变得更加复杂与不确定，黑天鹅与灰犀牛事件常常冲击人类脆弱的安全感，需要全世界各国人民同舟共济，摈弃隔阂，致力于打造人类命运共同体，方能让世界变得更加美好！

人类文明演化的过程就是创造的过程，是新事物不断替代旧事物的过程。纵观世界文明进化史，人类已经从农业文明，历经工业文明、信息文明进入智能文明时代，新一轮的科技革命与产业变革使我们正面临百年未有之大变局。另一方面，科技的进步大大延伸了人类的智慧与能力，我们已经进入万物互联的世界。同时教育赋能正在造就一批新新人类，我们也正进入个体崛起的草根创业时代与“大众创业、万众创新”的创业时代。

习近平总书记在党的十九大报告中指出，当前我国社会的主要矛盾已经转换为“人民日益增长的美好生活需要和不平衡、不充分的发展之间的矛盾”，这表明我国已经跨入“以品质为中心”的新发展阶段。数以万计的大学生与年轻社会人士为了改变自己的命运，为了让人类生活变得更加美好，积极响应国家号召，已经或正在投入新时代的创新创业大潮之中。然而，创业是一种复杂且高风险的社会行为，作为创业小白的年轻人，光凭一腔热血与一抹情怀不足以支撑创业行动的长久性与可持续性，都在不同程度上面临如下几个困惑与现实问题：

回顾与反思

1.如何理性看待新时代与创业热潮？

2.不断升级的“大众创业、万众创新”，对于大学生与社会年轻人来说，蕴含着哪些机会？

3.新时代青年人应具备什么样的创业精神？如何修炼提升创业精神？

4.大学生应当如何用创业精神与企业家精神设计并经营自己的人生？

5.当前，各种创新创业大赛已经司空见惯。大学生应该如何看待双创大赛？如何更加有效地参加双创大赛？

1-1 如何发现自己的创业基因？

经济转型下的创业热潮

【创业经济时代的到来】

1.新型创业组织大规模出现。截至 2018 年 6 月底，我国中小企业已经超过 3200 万家，其中不包括 6000多万家的个体私营企业、农村 1000 多万家的合作组织，如果将以上三者总计，市场主体已经超过 1 亿家。中小企业贡献了 50%以上的税收、60%以上的 GDP、70%以上的技术创新、80%以上的城镇劳动就业、90%以上的企业数量，是国民经济和社会发展的生力军。新常态经济就是知识经济，经济新常态就是知识经济的经济形态。知识运营是知识经济的增长方式，也是知识经济的核心。知识运营，就是创意—创新—创造—创业，因此新常态经济就是“大众创业、万众创新”的创业型经济。

2.创业的规律化催生了创业型经济。人类进入了知识经济新时代。知识经济就是知识对生产力发展起主导作用的经济形态，创新将成为推动经济发展的核心生产要素。知识经济时代，人类不但能把握机会，而且还能创造机会，并将通过创造机会来把握机会。一旦创业成为有规律可循的、可以把握的对象，人类在创业中就能够把握自身的命运。创业规律化还表现在创业普遍化，创业成为东西方国家、社会主义国家和资本主义国家共同支持的、普遍发挥作用的工具。

3.万物互联时代的个体崛起。2014 年，李克强总理在夏季达沃斯论坛上提出“大众创业、万众创新”的倡议与号召，意味着在万物互联的新时代，由于教育与技术的赋能，个体逐渐崛起，新生代的新新人类诞生，具有如下三个特质：第一，个体更喜欢自主自由，而不再依赖某个正式的组织。因为大量的资源与平台已经社会化、网络化、第三方化。第二，个体依靠自身的智慧与能力创造价值。第三，个体与上级之间的关系不再是隶属关系，而是合作与伙伴关系。

4.创业已经成为经济可持续发展的基础。创业是人类社会的基础，人类社会系统的要素与功能，在创业主体与客体的相互作用、相互转化中展开。人类社会本质与规律的创业，是人类社会产生、存在与发展的基础。创业是市场经济的基础；只有创业，才有个人和企业的主体化，才有经济的企业化、企业的公司化、公司的法人化、法人的人格化，才有市场经济的独立主体，才有公平竞争的法律道德环境，才有市场经济可言。创业是经济可持续发展的基础；经济的持续繁荣，不是以网络为代表的高科技带来的，而是以网络潮为代表的“大众创业、万众创新”的创业潮带来的。只有创业潮才能使资源得到直接地优化配置与再生，实现高就业、高增长与低通胀并存。

5.认识新一波创业热潮。当人类社会进入 21世纪，创新、创业、创造成为经济社会生活中的主流，创业型经济具有增强自主创新能力、转变经济增长方式和扩大社会就业的显著作用，因而引发了政界、学界和实业界的全球性关注。对于本轮创业热潮，我们该如何看待呢？（1）我国经历了第四轮创业浪潮。自改革开放以来，我国已经出现过三次创业浪潮，第一次是从改革开放之初到 1984 年，第二次是在20世纪 90 年代初中期，第三次是 2002 年至 2004 年。2012 年以来，我国开始进入第四次创业浪潮，特别是 2014 年以来，每天新注册企业的数量平均都在 1 万户以上，全社会表现出“大众创业、万众创新”的极大热情。第四次创业浪潮与前三次相比有三个与众不同之处，一是创业与创新前所未有地紧密结合在一起；二是创业创新与经济发展前所未有地紧密结合起来；三是创业创新前所未有地得到党中央的高度重视。（2）第四次浪潮带来的重大转变。面对经济新常态与创业型经济，创业突出表现为五大转变：一是从着眼于政策制定向制定与执行并重转变；二是从注重政府扶持向政府力量和市场力量并重转变；三是从注重国内创业向国内国际创业并重转变；四是从生存型创业向机会型创业转变；五是从单一创业教育向立体创业教育转变。（3）新生代创业者普遍具有学历高、技能高、创业志向高的“三高”特点，主导着创新驱动型创业。从统计调查数据来看，对“放弃就业、选择创业”的选择满意度为 85.19%，不满意度不到 1.5%；对大多数创业者而言，创业作为人生难得的历练过程具有积极的正向效应。

1-1 如何发现自己的创业基因？

参见第5页翻转课堂情景图，团队选择右边任务进行分工合作，在任务纸或大画纸上完成。

1. 如何理解创新、创意、发明与创造？这几者之间有什么关联？颠覆式创新和局部创新有什么区别？你现在的项目和产品有哪些创新之处？

2.你的梦想是什么？（想成为什么？想做出什么？）你打算通过什么路径去实现梦想？

3.设计一款产品，看看好不好和像不像有什么区别？你可以从哪些方面去实现？

4.你的项目团队成员分别具备什么样的能力？这些能力对创业项目有什么帮助？

个人创新能力检测

参照第5页情景图D中的D1–D20，完成以下任务并翻转课堂：

1. 请在以下1–20题中，在每题A、B、C中选择适合的打“√”

序号	测试题	A 完全吻合（3分）	B 有些吻合有些不吻合（1.5分）	C 完全不吻合（0分）
01	即使是十分熟悉的事物，我也常换不同的角度去看。			
02	我评价资料的标准首先是内容，而不是来自哪里。			
03	工作中遇到困难和挫折也不会使我退缩和放弃。			
04	我会做些自寻烦恼的事情。			
05	不在意别人怎么评价自己。			
06	我最愉快的事情是对某个问题深思熟虑、精准推敲。			
07	我专注工作时，常常忘记时间。			
08	我认为灵感有时能揭开成功的序幕。			
09	我常对新事物感到好奇，一旦产生兴趣就很难放弃。			
10	我遇到问题常从多方面探讨解决路径，而不是拘于一条路。			

序号	测试题	A 完全吻合（3分）	B 有些吻合有些不吻合（1.5分）	C 完全不吻合（0分）
11	突破固化的理念、体制和行为方式，才能建立更好的模式。			
12	做我喜欢和热爱做的事，报酬从来都不是第一位的，甚至没报酬我也会做。			
13	我对工作总是充满热情，当一项任务完成后常有兴奋感。			
14	我认为按部就班、循序渐进不是解决问题最正确的方法。			
15	一个人可以走得更快，一群人可以走得更远。			
16	做认为正确的事，即使大多数人反对，也会坚持。			
17	对我而言，懂得舍弃比不断获取更重要。			
18	为什么要做比做了什么重要得多。			
19	我觉得自己还有很大潜力没有被挖掘出来。			
20	无论是成功还是失败，我都善于发现问题，吸取经验和教训。			

2. 以上1–20题中，得分合计：　　　　分

最好能找5–10位对自己有所了解的老师、长辈和伙伴，按以上1–20题给自己打分，然后把每位评价人的给分与自己给自己的打分相加，再除以总人数，最后的得分相对比较客观一些。

1-1 如何发现自己的创业基因？

个人创意能力检测

参照第5页情景图E中的E1-E8，完成以下任务并翻转课堂：

1. 请在以下1-8题中，在每题A、B、C中选择适合的打“√”

序号	测试题	A 完全吻合（2分）	B 有些吻合有些不吻合（1分）	C 完全不吻合（0分）
01	我有与众不同的想法并证明其有效果。			
02	我有发明专利，或有相当于发明专利级的产品，或有业内专家。			
03	我学习力非常强，并且精通某个方面。			
04	我爱看科普文章和科普栏目。			
05	我非常喜欢物理和喜欢研究新事物。			
06	我不太在意从工作中获取多少报酬，关键是兴趣和爱好。			
07	我经常沉浸于思考状态。			
08	我的想象力和逻辑力都很强。			

2. 以上1-8题中，得分合计：　　　分

最好能找5-10位对自己有所了解的老师、长辈和伙伴，按以上1-8题给自己打分，然后把每位评价人的给分与自己给自己的打分相加，再除以总人数，最后的得分相对比较客观一些。

个人执行力检测

参照第5页情景图F中的F1-F12，完成以下任务并翻转课堂：

1. 请在以下1-12题中，在每题A、B、C中选择适合的打“√”

序号	测试题	A 完全吻合（2分）	B 有些吻合有些不吻合（1分）	C 完全不吻合（0分）
01	我的时间管理能力很强，效率很高，成果丰硕。			
02	我实现目标的能力很强，给我的任务100%能完成。			
03	我做每件事之前，无论事情大小都会做计划。			
04	我能100%解决工作中遇到的问题和困难。			
05	我曾带领过多个200人以上的团队或曾组织过现场超过1000人的活动。			
06	我在工作中不需要上司交代就能迅速拿出解决方案，完成后再汇报。			
07	我开会时从来不看手机。			
08	我从来没在任何人面前露出过自己的负面情绪。			
09	我曾持续5小时以上专注写方案，除了上洗手间，其他任何事情都打断不了我。			
10	我会从四个方面来看问题：你的一面、我的一面、他的一面和事实真相的一面。			
11	工作中，我经常会发现别人发现不了的重要细节。			
12	我想要更大的压力，只要能工作得更好。			

2. 以上1-12题中，得分合计：　　　分

最好能找5-10位对自己有所了解的老师、长辈和伙伴，按以上1-12题给自己打分，然后把每位评价人的给分与自己给自己的打分相加，再除以总人数，最后的得分相对比较客观一些。

3. 请多角度举例，对自己的执行力予以评价：

创业基因检测得分 = 个人创新能力（　）分 + 个人创意能力（　）分 + 个人执行力（　）分 =（　）分 百分制

经全国职业教育教材审定委员会审定

创新创业课程资源库

案例 • 教案 • 音视频 • PPT课件 • 电子教材

策划方案 • 课程思政资料和图片 • 创业计划书

扫描二维码，学习二十大主要精神

创新创业

10步法

创新创业第一步：我有创业基因吗?

1-2 如何寻找志同道合的创业基因?

1-2 如何寻找志同道合的创业基因？

A 讲述创业团队的故事

A11 HUAWEI　A12 mi　A13 美团网 meituan.com　A14 Hasee 神舟　A15 头条　A18 Bai du 百度　A20 Tencent 腾讯

B 团队成员创业倾向评估

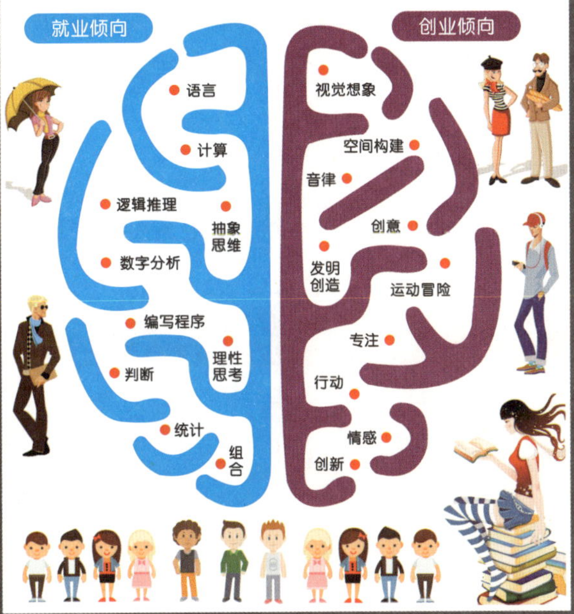

C 团队创业共识度评估

C1 机会自己找，不要只等待。

C2 与大事业为伍，小工作徒使格局狭隘。

C3 做事自动自发，工作抢先抢先再抢先。

C4 价值越大，挑战越大。

C5 凡杀不死我的，必使我强大！

C6 目标刻在坚石上，方法写在沙滩上。

C7 热爱的力量是战无不胜的！

C8 生气不如争气，强者自己证明自己。

C9 如果觉得昨天的成绩了不起，那么今天一定做得不够好。

C10 强者一定要能淘汰弱者，如果不能，弱者就会反过来淘汰强者。

D 团队执行力评估

团队环境与氛围

D1 分工合理

D2 责任明确

D3 目标明确

D4 方法正确

D5 跟踪指导

D6 奖罚分明

D7 制度为王

团队成员表现

D8 主动报告项目进度

D9 清晰回答伙伴问题

D10 不重复犯错

D11 工作主动不拖延

D12 承担任务毫无怨言

D13 主动找出问题，并提出解决方案

D14 从全局角度看问题

D15 从困难中找机会，而不是在机会中找困难

D16 人走心还在，而不是人还在心已没了

D17 是志同道合、同舟共济，而不是心怀鬼胎钩心斗角

D18 为了整体目标可以牺牲个人利益，而不是为了个人得失不断和组织较劲

D19 为价值目标而战，而不是为短期利益找借口内耗

D20 有坦诚沟通、激情活跃的团队氛围，而不是沉闷漠然

1-2 如何寻找志同道合的创业基因？

案例分析

【案例一】出彩 90 后：有梦想就要敢闯会创

大学未毕业时就创立多家公司，他被称为校园里的创业达人；作为青年创业典型，他获得 2015 年中国青年“五四”奖章。他就是南开大学 2015 级商学院硕士研究生郭鑫，一位敢打敢拼的 90 后小伙儿。

2011 年，郭鑫考入南开大学周恩来政府管理学院。一个偶然的机会，郭鑫听了一堂环境政策讲座。当时老师讲的是如何处理中国环境生态补偿问题，郭鑫对此很感兴趣，琢磨着是不是能够做点什么。也就是从那时起，他萌生了创业的想法。

经过大量的调研，郭鑫了解到，目前我国农村在退耕还林方面面临一些困境，比如说北京附近有一个县城，是离北京最近的沙源地。这个县城是在 2000 年开始退耕还林的，结果十年后变成了国家级贫困县。他就想着，是不是可以用电子商务的方式，把当地树林产出的农产品销售到国际市场，从而让这些退耕还林的农民能够富起来。□

在学校和老师的指导帮助下，郭鑫建立了诚鑫通跨境农产品电子商务平台。不到 1 年的时间，全国 18 个省（市、区）的 100 多个县都被他接入诚鑫通平台，与全世界近 30 个国家互联互通，1000 多万名种树农民从中获益。

在收获了创业的第一桶金之后，郭鑫开始了创业的接力赛。通过关注海疆官兵蔬菜供给问题，郭鑫了解到海南部分岛屿面临“吃菜难”的问题。于是，他带领团队和研发人员启动了绿源生物项目。在当地政府的大力支持下，经过近 4 个月时间，成功研制出更加适应特殊环境的无土栽培培养基。郭鑫团队在培养基里栽培上当地的蔬菜，利用当地充足的光和热来促进生长，一般情况下，5 天左右蔬菜就可上餐桌了。

2012 年参与北京创新公寓项目，2014 年与合伙团队创办闯先生网站。随着创立的企业逐步增多，郭鑫开始思考转型。如果能孵化更多的创业项目，服务更多的创业者，将会是一件更有意义的事。于是，郭鑫与比他大 19 岁的师兄共同创办了创业投资基金——高维资本，附属的创新型孵化器高维创业岛也正式启航，顺利完成了第一笔 300 万元人民币的融资。

提到创业，郭鑫告诉记者，首先要保持本真、不忘初心，才不会失去核心竞争力；其次是要更多地相信合伙人团队，有效地补好团队的短板；最后对市场既要敬畏又不可完全听信。郭鑫说，要有一种‘空杯子’的心态，所有信息都纳入进来，然后去分析和研究。这种空杯子的状态会推动企业的发展。

经常会有人说，90 后创业大多是在讲概念。郭鑫说，但我觉得，90 后的冒险精神更足。不管是谁出来创业，只有真正踏实下来，发动能够发动的资源，认认真真去解决问题，为社会做贡献，才能在创业中有所收获。

［案例来源：https://epaper.gmw.cn/gmrb/html/2016-09/08/nw.D110000gmrb_20160908_5-04.htm?div=-1］
□

案例思考

1.郭鑫的创业经历对你有什么启发？

2.如何从创业的视角规划自己的人生？

3.经济转型会给农村带来什么样的发展机遇？

1-2 如何寻找志同道合的创业基因？

【案例二】连续创业达人重返校园

“丝睦”颠覆传统洗发水的理念，不再一味追求头发的亮顺滑香，而是从关注头皮健康开始，开发可以养护头皮的洗发水，导入客户，进而依托控油、去屑、修护等功能头皮调理剂，为不同发质的客户提供护发产品，提高客单价。摒弃传统洗发、护发配方中添加概念成分的惯例，真正以简约的配方，仅加入有效功效物，采用环保的原料来开发洗发、护发产品，为广大消费者带来健康的头皮和亮泽的头发。

“丝睦”项目的研发依托河北化工医药职业技术学院化妆品实验室，已经取得系列成熟的配方，并且不断升级优化。在校创新学院领导们的关怀下，以及朱七光、陈亚鹏、孙雅博、田克情、武伟等老师的指导下，获得了2018年第四届河北省“互联网+”大学生创新创业大赛金奖。

王建功，1980年生人，化妆品技术专业2016级学生，曾荣获河北省三好学生、校三好学生、校十佳大学生等荣誉称号，以及荣获了国家奖学金。带领团队获创青春2018年河北省大学生创业大赛河北省特等奖、第四届河北省“互联网+”大学生创新创业大赛金奖。国内最大脱发社区网站发友网创始人，苏玫氏化妆品品牌创始人之一，并为控股股东。从事化妆品行业8年，于2016年考入河北化工医药职业技术学院深造学习。

与其他大学生创业团队有所不同，由于团队负责人有着较为丰富的社会阅历，且具备一定的资金储备。进入学校学习后，一直都未停止创业实践，不断地招募团队成员，优化项目，所以从创业到参赛，是一个很自然的过程。用王建功的话说：“我觉得我们毫无出奇的地方，只是将技术与市场需求做了一个良好的对接而已，能获得河北省金奖已实属侥幸。”我们来看一下这个毫无出奇的金奖项目背后的故事吧。

2015年，王建功已在化妆品行业打拼了近5年，经营起一个叫作苏玫氏的小众品牌。在工作中他发现一个问题：作为一名营销策划人员，在与配方工程师沟通时，很难知道研发的边界在哪里，比方说自己觉得难的问题可能是很简单的技术，而很简单的问题技术上自己却难以达到。这样的错位沟通，降低了研发效率。再者，由于对化工技术的陌生，在做产品宣传材料时很难流畅地介绍出产品技术特点，完全凭着市场人员想象来说，即便逻辑完美，却难免和化工科学技术相背离。

2015年年底，王建功决定到大学学习精细化工知识，并于2016年通过高考进入河北化工医药职业技术学院化妆品技术专业学习，36岁的他成了一名真正的大学生。重返校园后，王建功在学业上取得了优异的成绩，但正值做事的年纪，他时刻没有放松对事业的经营。入学后不久就开始了产品研发和团队建设等工作。首先在专业老师的指导下，王建功业余时间时常泡在实验室，进行产品研发，并取得不少成果，丝睦洗发水便是其中之一。不过这款产品的研发过程有点阴差阳错，王建功说：“最初是要做一款氨基酸型的洗发水，在实验过程中发现氨基酸表活的增稠是一个技术难点。这个时候突然想，为什么要增稠，不增稠会怎样？沿着这条思路，找到了一个新的突破点——某些消费者并不需要增稠的洗发水。于是便催生了丝睦泡沫型洗发水项目。”

创新未必就一定是要产生革命性的变化，或许仅仅是一个简单的技术和需求对接，但恰恰这种简单很考验一个人对技术和市场的把握能力。而创业者就像一个苦行僧，只是苦在别人眼里，自己却乐在其中。一切都是顺其自然的结果，无须喧嚣，默默做好每一天就会有收获。

［案例来源：根据河北化工医药职业技术学院“互联网+”国赛铜奖项目自编案例］

案例思考

1.如何结合自身专业和兴趣，开启职业生涯？

2.如何在经济转型大潮中开始你的创业之旅？

3.如何看待经济新常态下的创业？

1-2 如何寻找志同道合的创业基因？

参见第11页翻转课堂情景图，团队选择右边任务进行分工合作，在任务纸或大画纸上完成。

1. 讲述一个品牌主要创始人及其创始团队的创业故事及现在的主要状况，并给予简要评价。

2.书面评价团队中每一位成员的一项特长。

3.团队中有获得校级、市级、省级、国家级各类竞赛或创业大赛的成员，写下具体名字，并用数据、举例、具体奖项等书面阐述其过程。

4.团队中有实际创业经历的成员，写下具体名字和创办企业名字或项目名称，并用数据、案例等书面阐述其创业过程。

团队创业共识度评估

参照第11页情景图C中的C1-C10，完成以下任务并翻转课堂：

1. 请在以下1-10题中，在每题A、B、C中选择适合的打“√”

序号	测试题	A 团队成员全部认同（10分）	B 有些认同有些不认同（5分）	C 团队成员全部不认同（0分）	序号	测试题	A 团队成员全部认同（10分）	B 有些认同有些不认同（5分）	C 团队成员全部不认同（0分）
01	机会自己找，不要只等待。				06	目标刻在坚石上，方法写在沙滩上。			
02	与大事业为伍，小工作徒使格局狭隘。				07	热爱的力量，是战无不胜的！			
03	做事自动自发，工作抢先抢先再抢先。				08	生气不如争气，强者自己证明自己。			
04	价值越大，挑战越大。				09	如果觉得过去成绩了不起，那么今天一定做得不够好。			
05	凡杀不死我的，必能使我强大！				10	强者一定要淘汰弱者，如果不能，弱者就会反过来淘汰强者。			

2. 以上1-10题中，得分合计：　　　　分

大学生创业团队成员最好为5-8名，少于3名成员或超过10名成员的团队，在以上得分合计的基础上另扣10分。

3. 以上1-10题中，选出你们团队成员最认同的一个，举例阐述为什么最认同？

1-2 如何寻找志同道合的创业基因？

团队执行力评估

参照第11页情景图D中的D1-D20，完成以下任务并翻转课堂：

1. 请在以下1-20题中，在每题A、B、C中选择适合的打“√”

序号	测试题	A 完全吻合（5分）	B 有些吻合 有些不吻合（2.5分）	C 完全不吻合（0分）
01	团队有人品、影响力和能力都很突出的“老大”，团队成员分工合理。			
02	团队每个成员职责明确。			
03	有明确的大家都认同的目标，并为达成目标齐心协力、共同奋斗。			
04	团队在不同的阶段和运营不同的项目时都使用了正确的方法，因而卓有成效。			
05	有专家、经验丰富的指导老师或企业成功人士对项目进行跟踪、指导。			
06	设计有卓越的合伙人和激励机制，言必行、行必果，奖惩分明。			
07	我是老板，制度是我定的，但我要听制度的。			

1-7题为团队执行力之“团队氛围与环境”测试

序号	测试题	A 完全吻合（3分）	B 有些吻合 有些不吻合（1.5分）	C 完全不吻合（0分）
08	团队成员每次都主动报告项目进度。			
09	每位团队成员面对伙伴提出的问题都会清晰回答。			
10	团队每位成员都不会重复犯错。			
11	团队每位成员工作主动不拖延。			
12	团队每位成员每次承担任务都毫无怨言，全力以赴。			
13	团队每位成员遇到问题时都会主动找出问题，并提出解决方案。			
14	团队每位成员都会从全局出发看问题。			
15	团队每位成员遇到困难时都会从困难中找机会，而不是在机会中找困难。			
16	团队成员即使离开了还心系团队，而不是人在时心已不在了。			
17	团队每位成员志同道合、同舟共济，而不是心怀鬼胎、钩心斗角。			
18	团队每位成员为了整体目标可以牺牲个人利益，而不是计较个人得失。			
19	团队每位成员都会为价值目标而战，而不是为短期利益找借口内耗。			
20	团队每位成员都能坦诚沟通，有激情活跃的团队氛围，而不是沉闷漠然。			

8-20题为团队执行力之“团队成员表现”测试

2. 以上1-20题中，选出你们团队做得最好的一个，举例阐述是如何做到的？

3. 为什么企业和团队里的弱者喜欢拉帮结派，而强者通常不会？

4. 以上1-20题中，得分合计：　　　分

大学生创业团队成员最好为5-8名，少于3名成员或超过10名成员的团队，在以上得分合计的基础上另扣10分。

5. 请对你所在团队的执行力予以评价。

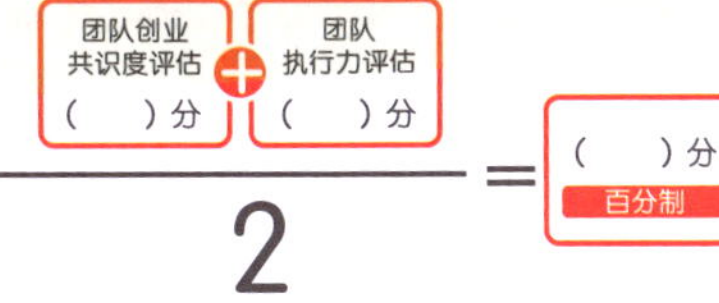

经全国职业教育教材审定委员会审定

创新创业课程资源库

案例 ● 教案 ● 音视频 ● PPT课件 ● 电子教材

策划方案 ● 课程思政资料和图片 ● 创业计划书

扫描二维码，学习二十大主要精神

创新创业 10步法

创新创业第二步：如何判断创业时机?

2-1 市场趋势与创业时机

2-1 市场趋势与创业时机

A 创业项目与行业方向

A1 与所学专业相关，学以致用

A2 很熟悉，有相当多的经验

A3 有可利用的资源

A4 容易吸引人才

A5 喜欢（因为…所以…）

A7 与家族产业紧密关联

A8 行业五行与自己所需五行匹配

A6 热爱（即使…仍然…）

A9 有国家政策支持的行业、有发展前景的行业

B 创业项目与行业选择

B1 低利润行业选择参考

仅供参考，随着时代的变化而变化。

- 纺织行业
- 啤酒行业
- 家电行业
- 传统汽车行业
- 传统摩托车行业
- 旅游行业
- 普通钢铁行业
- 网吧行业
- 普通手机行业
- 冷饮行业
- ……

B2 仅供参考，随着时代的变化而变化。

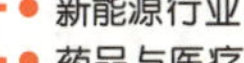

高利润行业选择参考

- 新能源行业
- 药品与医疗行业
- 高端教育行业
- 殡葬行业
- 辅导教材行业
- 美容整形行业
- 化妆品行业
- 金融行业
- 保健品行业
- 网络游戏行业
- ……

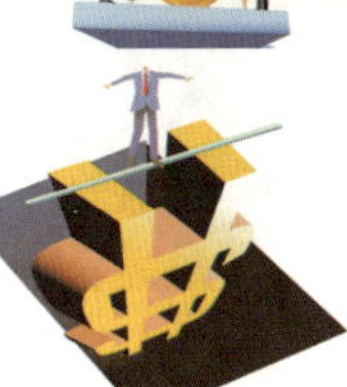

B3

- 军工行业
- 保险行业
- 银行业
- 农村地产中介业
- 边境贸易和物流业
- 老年人配套服务业
- 私人医疗机构
- 建筑家装和建筑业
- 音像制品行业
- 私人学校
- ……

有发展前景的行业选择参考（以上仅供参考，随着时代的变化而变化）

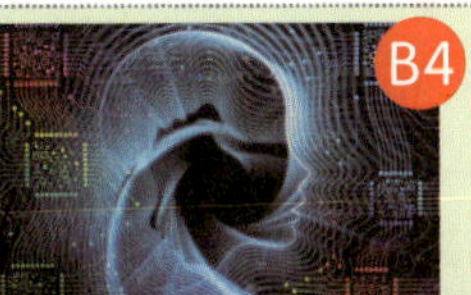
B4

- 互联网生态服务业
- 人工智能行业
- 区块链服务行业
- 大数据与云计算
- 生物医药行业
- 网络文化与娱乐业
- 健康管理行业
- 智能家居业
- 信息安全分析行业
- 新零售业
- ……

有发展前景的行业选择参考（以上仅供参考，随着时代的变化而变化）

C 市场趋势分析

C1 市场趋势分析指运用科学方法，对市场的需求和产品销售状况做出估计和预测。

C1-1 宏观市场与微观市场趋势

C1-2 短期、中期和长期市场趋势

1年以内　1-4年　5年及以上

C1-3 定性与定量分析

定性分析　定量分析

常用的市场趋势分析方法有：需求量近似值法、移动平均数法、指数平滑法、消费水平法等。

举例

C2 中国AI（人工智能）市场发展趋势

数据来源 中商产业研究院公布的《2018–2023年中国人工智能行业市场前景及投资机会研究报告》

C2-1 市场容量 2017年中国人工智能市场规模达152.1亿元，增长率51.2%；随着AI人工智能技术的逐渐成熟和应用场景的不断扩展，2018年市场规模突破200亿元。

C2-2 行业投资与融资 随着科技、制造业等业界巨头布局的深入，2017年中国人工智能投资事件达到353次，2017年投资金额582亿元，与2016年相比增长65.3%，但2016年投资次数比2017年多26次。

C2-3 人工智能独角兽公司 2017年中国有164家企业入选独角兽榜单，其中人工智能行业独角兽企业有6家，分别为：优必选科技、Face++（旷视科技）、商汤科技、依图科技、出门问问、寒武纪科技。其中，优必选科技估值达到40亿美金。

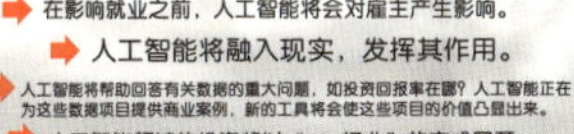
C2-4 发展趋势

- 在影响就业之前，人工智能将会对雇主产生影响。
- 人工智能将融入现实，发挥其作用。
- 人工智能将帮助回答有关数据的重大问题，如投资回报率在哪？人工智能正在为这些数据项目提供商业案例，新的工具将会使这些项目的价值凸显出来。
- 人工智能领域的投资将以“AI+行业”的方式展开。如安防、语音识别、医疗、金融等行业领域

探讨

C3

C3-1 人工智能会抢摄影师的饭碗吗？

C3-2 写作机器人有多大市场？

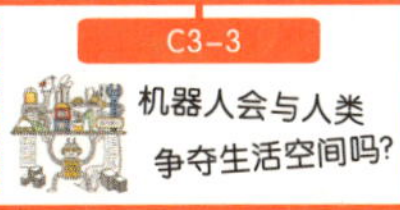
C3-3 机器人会与人类争夺生活空间吗？

D 如何判断创业时机？

D1 商业模式创新性

相关交易者利益结构 充分考虑了各类交易者的利益并量化，方案简明有足够吸引力，能立刻打动人。

接触点服务 能让顾客马上购买，不仅自己重复购买，还不断帮商家转介绍顾客购买。

拥有技术水平的领先程度

D2

- 国内先进水平
- 国际先进水平
- 国内领先水平
- 国际领先水平

能够吸引什么级别的人才加盟？

D4

- 每个行业的顶尖人才一般不会超过15个。
- 一个一流的技术人才，不是1个顶10个，而是1个顶100个。

与市场需求觉醒的时间契合度

D3 比市场需求觉醒快半步或大半步

（1）快得太多则市场培育成本太高、“熬码头”的时间太长。

（2）与市场同步，则机会容易给实力强大的抢走。

（3）完全滞后于市场又没有实力和创新，则为炮灰。

是否处理好资源和机会之间的关系？

D5

- 有资源，有机会：发力
- 有机会，没资源：借力
- 有资源，没机会：收购
- 没资源，没机会：放弃

2-1 市场趋势与创业时机

商机意识

【问题聚焦】

商机即商业机会。在蒂蒙斯创业三要素模型中，创业机会、创业团队与创业资源之间是一个动态平衡匹配的过程，但一般情况下，创业机会是创业行动的起点，创业团队的组建与创业资源的整合都必须围绕创业机会展开。进一步，蒂蒙斯教授指出：商机就是指创业者通过生产新产品、提供新服务、使用新的原材料或者新的组织形式，从而能够以高于成本的价格进行销售的情形。

1. 关于商机意识

商机意识在某种程度上可以理解为商业主体捕捉商业机会的速度、广度与深度，即把握商业机会的高阶能力。具体而言，我们可以从如下几个方面来理解商机与商机意识：

- 商机客观上是绝对的，但受到人们主观能动性与认知能力的影响。
- 商业机会源于内外部环境的变化。
- 只要有人存在，就会有需求与商机。
- 商机总是会被极少数人发现。
- 商机只会眷顾有准备的人。
- 技术突破、产业变革与社会的进步会催生商机。
- 商机的本质是一种不确定性。
- 商机很多时候就在我们身边。
- 创业就是共同创造新商机。
- 商机可分为生存型商机与机会型商机。

2. 商机意识是可以后天培养的

- 商机意识不是与生俱来的。
- 商机意识并不是一种特质，而是一种思维、能力和素质。
- 商机意识是可以后天培养的。
- 有创造性思维的人，商机意识一般比较强。
- 商机意识源于持续创业实践。
- 商机意识包括主体意识、环境意识、不确定性意识与问题意识。

3.主体意识的觉醒

商机意识是相对人或创业者这个主体而言的。人的价值观、文化基因、思维理念、认知能力、成长环境都是千差万别的，所以每个人的商机意识也是多元的、有梯度差异的。比如说，如果一个人出生成长在一个世代经商的家族，那么就很有可能自带商业基因与商业敏锐性。再比如，如果一个人生活在音乐世家，则可能对与音乐相关的事物比较敏感，未来从事与音乐相关的创业活动的概率就比较大。那么，如何激发主体意识呢？

- 时刻自问“我是谁”，包括自身的兴趣、爱好、特质与能力。
- 保持对外部环境的敏感性，时刻关注变化。
- 追踪行业与技术发展趋势，寻找规律。
- 接受商业思维训练与创新创业思维课程培训。
- 强化对事物的复盘与反思。
- 经常反思，并积极主动与不同的人交流。
- 时刻谨记最简商业思维模型（用户—痛点—解决方案），并不断训练。
- 他山之石：持续学习他人的成功商业案例。

2-1 市场趋势与创业时机

风险意识

【问题聚焦】

创业作为一个商业领域，致力于创造新事物、新产品、新市场、新生产过程等。创业者对自己所拥有的资源或通过努力能够拥有的资源进行优化整合，从而创造出更大的经济效益与社会效益。创业需要创业者前期进行资金、项目等多方面的筹备，在创业中对组织运营、组织运用、服务、技术等进行思考、推理和判断。但创业道路并不是一帆风顺的，相反，创业的道路十分艰辛。在创业的道路中，创业者必须面临市场的不确定性、资金的不确定性、竞争对手的不确定性、团队的不确定等多方面因素。因而这些在给创业者带来机遇的同时，也带来了不确定的挑战与风险。那么创业者应该如何认知创业风险，如何理解创业风险呢?

1.创业者必须要有风险意识

人们对于风险的观念、态度与感受，就是风险意识。我们必须牢记，机遇与风险是并存的，机会越大风险也越大。做任何事情都是有风险的，创业者应该树立风险意识，在创业实践中趋利避害，预知风险，控制风险，并善于制定处置风险的预案。

- 创业是一种高风险的行为。
- 风险存在于创业流程的各个环节与创业体系的各个要素。
- 风险意识是指人们对风险所持的理念与态度。
- 风险意识还表现为人们对待风险的认知与把控。
- 创业新生代一般依据可承担损失做决策，而不再依赖传统的预期收益决策模型。
- 创业者一般都应具有底线思维。
- 风险是可以计算的不确定性，而不确定性则是不可量化的风险。
- 永远也不知道意外与明天，哪个会先到来。

2. 创业者如何应对风险

- 风险意识可看成问题意识，要树立底线思维。
- 强化风险意识不等于坐以待毙，什么都不干。
- 只要有选择，就必然存在风险。
- 信息不充分与信息不对称往往是风险的根源。
- 临危不乱是应对风险的首要前提。
- 对风险进行专业科学的评估，多方征求意见建议，认清风险的本质和发展趋势，对风险有一个全面的把控。
- 制定周密的应对方案，对任务进行分解，将责任落实到人，根据事态变化动态调整方案内容，提倡群策群力，反对单打独斗、逞个人英雄主义。
- 在社会经济转型期，更要牢固树立风险意识。
- 通常应对风险的方法有风险避免、风险预防、风险自留、风险抑制与风险转嫁。
- 创业者可以根据风险损失程度的高低与风险损失频率的高低来评估风险状况，并采取应对措施。

3. 如何增强风险意识

- 创业者要有承担风险的意识。
- 创业者要从最坏的结果做打算。
- 训练自己未雨绸缪的能力与预案制定能力。
- 从后馈控制转向前馈控制，避免马后炮。
- 不要试图去预测，而应该抓住机会行动。
- 提高创业者自己的心理承受能力。

2-1 市场趋势与创业时机

参见第17页翻转课堂情景图，团队按以下任务进行分工合作，在任务纸或大画纸上完成。

1. 你的创业项目如何与行业匹配？你现在的创业项目是你喜欢的还是热爱的？为什么？你的喜欢和热爱对创业项目的推动有什么不同影响？

2.你的创业项目选具体的行业时有什么样的思路和标准？你认为未来10年最有前景的发展行业有哪些？为什么？你认为做具体的产品和选择具体的行业哪个更重要？为什么？

3.什么是市场趋势分析？市场趋势分析有哪些方法？参照《中国人工智能市场发展趋势》分析结构，对你现在从事的创业项目的市场趋势进行推断。

4.你认为人工智能会抢摄影师的饭碗吗？为什么？你认为写作机器人有多大市场？为什么？你认为未来机器人会与人类争夺生活空间吗？为什么？

5.你的创业项目在商业模式上有哪些创新之处？你的创业项目在技术上达到了什么样的水平？为什么？

6.你的创业项目与市场需求觉醒时间的契合度如何？你的创业项目能够吸引什么级别的人才？为什么？你的创业项目在资源和机会的关系上处于哪一个象限？为什么？

7.请对创业项目进入市场的时机和可行性做出一个基本判断，并阐述理由。

【案例借鉴】

估值10亿的小蓝单车走向死亡

滴滴0元接管，命运多舛的小蓝单车成功抱到了大腿！然而，滴滴官方表示并不会承担其押金和债务问题，只是帮助管理运营。小蓝单车的退场，也许是共享经济的半场转折。今天我们来细数一下，小蓝单车短短1年的生命里，犯下的几个致命错误，引以为戒。

【成功太早，自命不凡】野兽骑行是小蓝单车的前身。它诞生于2015年年初，是一家专注于智能运动硬件的互联网公司和智能自行车解决方案提供商。主要产品包括野兽骑行App、SpeedForce、SpeedX三款智能运动自行车产品。野兽骑行的发展速度是非常快的。2015年2月，获得真格基金徐小平数百万美金天使投资。同年7月，获得创新工场李开复A轮5000万美元。2016年11月，B融资1.5亿元，估值达4亿元。创始人李刚也因此被冠上了一众标签：有过很成功的融资经验、知名投资人的背书、多年的行业经验、成功的连续创业者，堪称完美。之后小蓝单车迅速成功地进入大众视野，并获得富力集团公子张量最大手笔的投资，这一切都显得顺理成章，而恰恰是这“顺理成章“埋下了小蓝单车浮躁的种子。这种过早的成功，让李刚的自信上升到了自命不凡的状态，2017年3月，在对外宣称估值10亿的状态下，李刚拒绝了很多投资机会，然而不久后，就开始为融资之事四处奔走，结果——碰壁。

【战略失误，只顾自己开心】小蓝单车创业以来在战略上存在两个重大失误。

1.市场选择：盲目角逐巨头

表面上看是由于资金断链导致了小蓝单车的失败，但其实在它初入市场时就已经有所征兆了。小蓝单车初入市场，就选择直面ofo和摩拜这样的业界前辈兼行业巨头。然而，在巨头当道的行业，很容易出现资本的虹吸现象，资本方站队也会选择阵容最强大的一方。这也就是为什么，在创投圈一直流行着一句话，叫“老大和老二打架，结果老三死了”。所以，从资本的角度考虑，直接和大佬干仗，确实不是一个明智的选择，如果小蓝单车选择一个合适的吸粉市场做切入，结果会不会有所不同呢？选择怎样的市

2-1 市场趋势与创业时机

场策略，取决于创业者所具备的市场资源和资金掌控能力，显然，初期的小蓝单车并不具备这样的实力，可以说绝大多数创业者都不具备。所以，作为一个创业企业，早期进驻市场时，最重要的就是找到切实的应用场景，切忌大而全。

2.产品打造：只凭自己喜恶

众所周知，第一代小蓝单车成本就已经很高了，然而在摩拜出于成本考虑，推出了更轻便、便宜的Mobike Lite时，小蓝却推出了价值3000元的加强土豪版单车，超高的成本给运营带来了巨大的压力。这也能从根本上看出，小蓝单车的发展思路是“自己想做什么”而不是“市场想要什么”。小蓝单车置客户需求于不顾，闷头做着自己的伊甸园产品，这种做法是创业者的大忌，从投资的角度来讲，这类经营思路也属于几乎无法成功的类型。一直执着于扩大市场占有率的资本竞争，而不是真正地开展商业的竞争，这样是很难得到资本支持的。

【运营屡次犯错，暴露管理大问题】小蓝单车运营上的失误，结结实实地给正在创业者们上了一课。失误1：产品Bug。每小时1元钱的小蓝，被用户投诉多扣钱。运营团队给出的解决方案是设置“结算超过5元就全额退款”，这纯属拆东墙补西墙。然而，这个解决方案正赶上小蓝单车199元半年卡特权卡活动，充值特权卡很自然地享受了全额退款，小蓝因此损失百万元。失误2：作死的活动策划。2017年6月，小蓝与某个手游公司联合举办线上营销活动，这次策划涉及了极其敏感的话题，一下子将小蓝的未来推向了“无底深渊”，间接导致了本来将要谈好的融资以失败而告终。失误3：用户离奇背债。2017年9月，小蓝退押金逾期问题被曝光，运营团队官微发布退款公告，让用户添加微信联系退款事宜。结果，公告内留下的退款微信号，竟然是一个小蓝单车用户的个人微信，致使有上万人添加那位“倒霉”用户，要求退款。然而，屡次出现运营失误，李刚却未曾问责任何相关负责人。慈不掌兵，义不理财。“老好人”绝对当不好一个管理者。惩罚并不是为了示威，而是让人们能够在工作中更加仔细认真，尽量减少甚至避免错误的发生。奖惩需分明和落地，做到相对公平和有据可查，才是对团队和公司负责任的表现，从而就能更好地服务市场。没有任何一套管理方法可以一劳永逸，只有在不断发展的过程中优化管理，才是最正确的选择。

［案例来源］搜狐网：

https://www.sohu.com/a/217003430_642510

课程思政

案例讨论：

从小蓝单车创业案例中，有哪些启迪、借鉴和收获？

"十四五"职业教育国家规划教材

经全国职业教育教材审定委员会审定

创新创业课程资源库

案例 • 教案 • 音视频 • PPT课件 • 电子教材

策划方案 • 课程思政资料和图片 • 创业计划书

扫描二维码，学习二十大主要精神

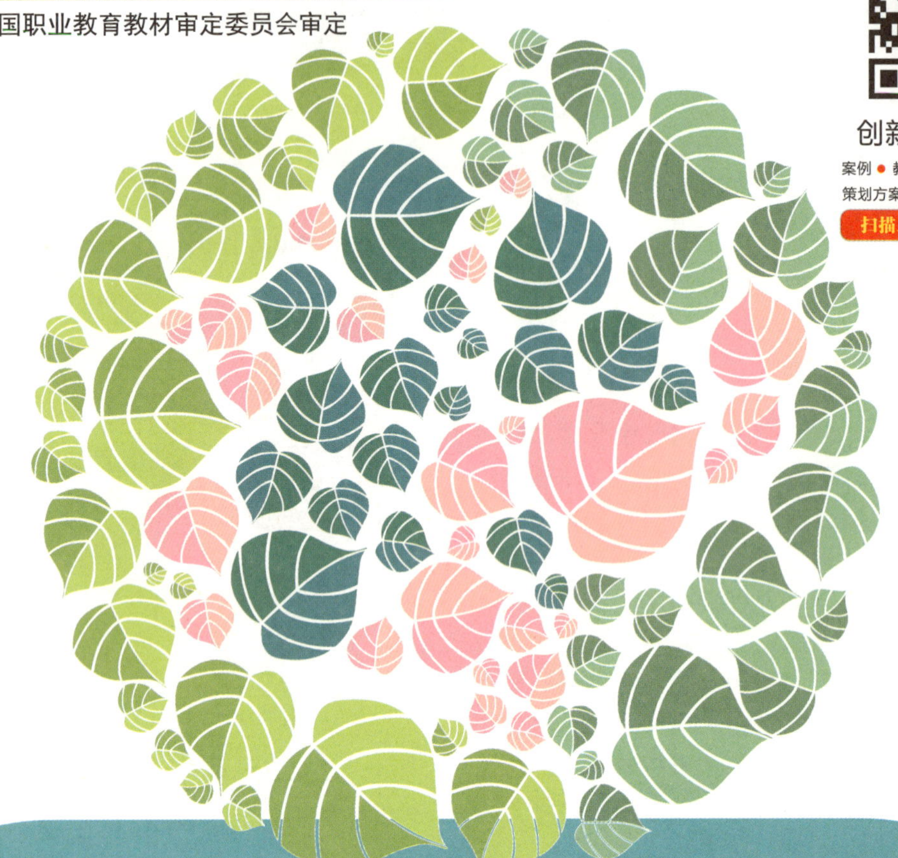

创新创业10步法

创新创业第二步：如何判断创业时机?

2-2 赋能与机会

创新创业10步法

第一阶段 创新创业第二步：如何判断创业时机？

• 可视化翻转课堂图 •

2-2 赋能与机会

A 什么是机会？

A1 机会，是指利于成才或获得某种成功的机遇和时机。

A2 错过时间，机会就会丧失。

A4 获利越大的机会越难发现

A6 机会常属于竞争中的优胜者

A8 机会在一定程度上是可预测、可预见的

A3 机会都与风险并存

A5 机会有空间上和对象方面的要求

A7 创新可以创造机会

A9 捕捉机会

捕捉机会，尤其是那些隐蔽性的机会，很大程度取决于自身的素质、预测能力和对事物规律性的认识。

时机与契机

● 时机是强调时间性的机会，特定时间性具备的有利客观条件。 ● 契机 指事物转化的关键，如抓住契机，扭转局面。

B 你能抓住多少次机会？

人的一生大约有七次成功的机会，两次机会之间相隔大约7年，大概25岁以后开始出现机会，经过 50 年的时间，75岁以后就不会有什么机会了。 第一次因为太年轻阅历不深、经验不足，通常以失败告终，最后一次因为年岁已高 无力再操控， 另外还有漫长的人生路会无意与两次机会失之交臂。 所以，真正属于个人的成功机会只有三次，这三次机会你抓住多少？

C 关于赋能

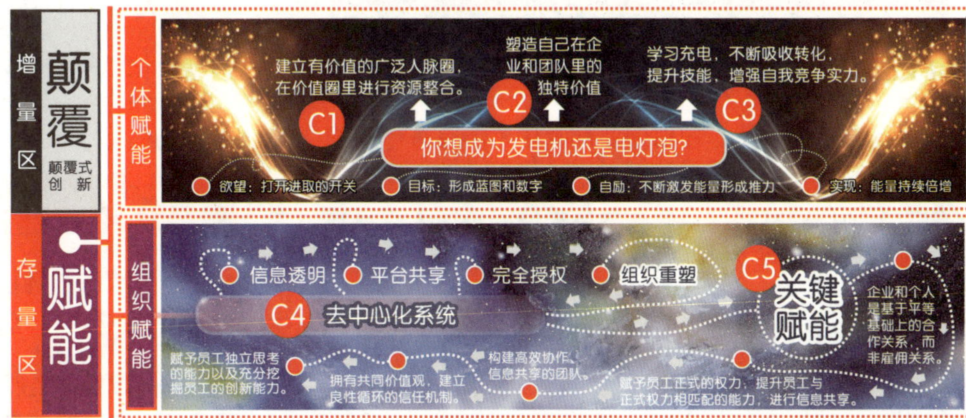

D 赋能与机会的案例探讨

小 松

唐 杜荀鹤

自小刺头深草里，而今渐觉出蓬蒿。
时人不识凌云木，直待凌云始道高。

斜杠青年

斜杠青年有多重身份，游走在不同的角色之间，在自我介绍的时候需要一个或者多个“/”来区别不同的身份。比如：创业导师/作家/心理咨询师……从前单一的职业角色都出现在同一个人身上。在一定意义上，斜杠青年就是我们所说的“复合型人才”。

真斜杠还是多兼职，本质上区别于：是不是在合适的时机，用合适的定位，做合适回报的事情。

鲁珀特之泪

17世纪，德国的鲁珀特亲王送给了英王查理二世一个神秘的礼物，它是一个蝌蚪状的玻璃泪滴。

将熔化的玻璃靠重力自然滴入冰水中，就会形成这些如同蝌蚪状的“玻璃泪滴”。被俗称为“鲁珀特之泪”的这种玻璃有着奇妙的物理特性：泪珠本身比一般玻璃坚硬得多，能在 8 吨压力下不碎，然而，若是抓住其纤细的尾巴，稍微施加一些压力，那么整颗玻璃泪就会瞬间爆裂四溅、彻底粉碎。

个人与机会

下者错失机会，中者等待机会，上者创造机会。

E 新零售领域有多少创业机会？

新零售领域
现在是什么状况?
E1
跟不上?
看不起?
看不懂?
看不见?

新零售（New Retail）

E2 什么是新零售？

以互联网为依托，通过运用大数据、人工智能等先进技术手段，对商品的生产、流通与销售过程进行升级改造，进而重塑业态结构与生态圈，并对线上服务、线下体验以及现代物流进行深度融合的零售新模式。

线上线下无缝联系

线上订单主动分配就近门店发货，大大降低快递成本，同时消费者场景体验感大大提高。

2-2 赋能与机会

赋能转换意识

【问题聚焦】

任何一种活动，包括创业都要求个体具备一定的能力，而且能力直接影响着活动的效率。转化意识与能力是指创业者将创意转化为可操作的具体创业方案与创业计划的能力，许多有创意的人具有创新的能力，但往往缺乏这种转化能力，从而不能成为有效的创业者。可以说，转化意识与能力在某种程度上比创新意识与能力还重要，转化的核心是有效。作为创业者必须时刻树立转化意识，方能不错失良机。

1.创业者必须具备的八大转化能力

- 思想转化成文字的能力。
- 理论转化成实践的能力。
- 想法转化成现实的能力。
- 概念转化成体系的能力。
- 目标转化成方案的能力。
- 方案转化成行动的能力。
- 行动转化为实效的能力。
- 复杂转化成简单的能力。

2.如何提高转化意识

- 从需求、技术和商业角度评估商业机会。
- 评估自身的资源。
- 选择志同道合的人。
- 评估自身可承担的风险大小。
- 创新转化的模式。
- 低成本快速试错。
- 经常复盘与反思，强化实践分享与领悟内化。
- 转化的三环节训练：输入—加工—输出。

3.赋能转换应掌握的关键点

- 转化应该顺势而为。
- 转化需要资源的支撑。
- 转化关键是价值观和思维的转化，价值观从利己转向利他，思维上从学术思维转化为商业思维，从企业思维转化为用户思维，从理性逻辑思维转化为感性人文思维。
- 大学生还要注意学生与创业者之间的心态与角色转换。
- 转化常常意味着利益的转化。

【案例借鉴】

疫情下的创业者如何转“危”为“机”

西贝筱面村可以说是近期被刷爆的一个案例了，它是如何做到转“危”为“机”的呢？

我们看到，当疫情发生的时候，西贝筱面村的贾总是通过社交媒体做了一个发声，而且是真实而诚恳地向用户说明了一个现状：全国400多家门店，2万多名员工，正常营业额是2000万元/天，但因为疫情无法正常开店，在人工和租金的压力下，估计撑不过3个月。

贾总为行业发声，也为深处困境的创业者提供了新的思考，让社会大众也产生了共鸣：这么大的一个企业都要倒闭了，那何况是那些中小企业呢？

这样的一个发声可以说是西贝转“危”为“机”的关键点，产生了正面效应。所以它很快受到了很多餐饮企业甚至其他行业的创业者热捧，大家都觉得这话说到心坎里去了。

那么，西贝筱面村的转“危”为“机”，有哪些值得我们思考的呢？

转“危”的基础，是弄清楚我向哪些人来寻求“机会”。

第一，西贝针对的群体是用户。当用户感受到西贝的不容易，用自己的行动来支持，当用户收到外卖时，看到外卖盒附上的一张三个负责人签名和体温数据的安心卡，内心一股共情和信任油然而生。

2-2 赋能与机会

第二，针对的是合作伙伴，疫情发生后，西贝筱面村与盒马共享员工，线上线下业务能力的补给和协同，很快，西贝的外卖业务由日均几十万元涨到200万。

第三，针对上游企业或投资机构，这样一家信誉良好的品牌，对投资方等发出了一个信号：我缺钱了，你可以来投我了，确实，浦发银行快速拿出了1.2亿元贷款来支持西贝。

我们还看到，西贝筱面村还在新增业务板块：企业工作餐；而创始人和企业品牌的知名度也在往上走，获得了好评。等到疫情过去之后，餐饮业迎来报复性反弹，这些积累相信也会给西贝筱面村带来新的增长，它就是一个非常好的转“危”为“机”的案例。

［案例来源：https://xw.qq.com/cmsid/20200226A0JK5300］

案例思考

结合案例，谈谈如何面对不确定性？

结合你的创业项目，思考如何创新从而应对黑天鹅事件？

课程思政

团队讨论：

在时代大潮下，大学生如何将创业精神与历史主动精神有机结合？

【实训活动】黑天鹅事件枚举大比拼

人类社会的发展总是与不确定性为伍，随时都会发生不可预测的黑天鹅事件。请大家结合自己的专业或生活背景，并通过文献检索的方式，列举出对人类社会发展产生过重大影响的黑天鹅事件。

事件一：

事件二：

事件三：

【拓展练习】如何将不确定性转化为机会？

列举出你身边最大的不确定性，并与同伴进行头脑风暴，看看蕴含着哪些机会。

不确定性：

机会：

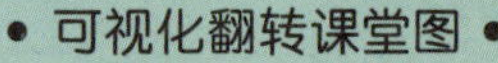

2-2 赋能与机会

参见第23页翻转课堂情景图，团队按以下任务进行分工合作，在任务纸或大画纸上完成。

1. 什么是机会？什么是时机？时机与契机有什么区别？机会有哪些特性？评估一下你现在创业项目的特点或创业契机。

2.人的一生中大概有可能抓住的机会有多少次？为什么？你认为自己创业成功的概率有多大？为什么？

3.存量区和增量区有什么区别？为什么“颠覆”在增量区，“赋能”在存量区？

4.个体赋能有什么特点？如何赋能？组织赋能有什么特点？如何赋能？

5.唐朝诗人杜荀鹤写的《小松》的诗与草根创业心理有哪些暗合之处？什么是斜杠青年？斜杠青年成为成功创业者的机会有多大？为什么？什么是鲁珀特之泪？创业者最坚强的一面是什么？最脆弱的一面是什么？

6.强者和弱者面对同一个创业项目时，机会是均等的吗？为什么？

7.新零售领域现在是什么状况？你如何评估新零售领域的创业机会？新零售是如何实现线上和线下的衔接的？请画出实现过程简图。

8.为什么说新零售里有更多的跨界竞争？为什么跨界竞争蕴涵更多的创业机会？

敬业精神

【问题聚焦】

敬业精神（Professional Dedication Spirit）是人们基于对一件事情、一种职业的热爱而产生的一种全身心投入的主动与自觉，是社会对人们工作态度的一种道德要求。它的核心是无私奉献意识。低层次的即功利目的的敬业，由外在压力产生；高层次的即发自内心的敬业，把职业当作事业来对待。

1.敬业精神的解构

- 职业理想：人们对所从事的职业和要达到的成就的向往和追求，是成就事业的前提，能引导从业者高瞻远瞩，志向远大。
- 立业意识：确立职业和实现目标的愿望。其意义在于利用职业理想目标的激励导向作用，激发从业者的奋斗热情并指引其成才方向。
- 职业信念：对职业的敬重和热爱之心，表示对事业的迷恋和执着的追求。
- 从业态度：持恒稳定的工作态度。勤勉工作，笃行不倦，脚踏实地，任劳任怨。
- 职业情感：人们对所从事职业的愉悦的情绪体验，包括职业荣誉感和职业幸福感。
- 职业道德：人们在职业实践中形成的行为规范。

2.创业需要敬业精神

- 敬业是基础和前提。敬业就是全心全意对待工作，全力以赴干好工作。时下有这么一种说法，如今

2-2 赋能与机会

人们的工作态度可以分为三种:一种是把工作当成事业，另一种是把工作当作职业，还有一种是把工作当成副业。三种不同的工作态度，反映了不同的人生观、价值观和事业观，折射出高低分明的思想境界和精神状态。敬业的人就会把工作当事业干，就会在工作中释放自己的激情，把工作看成是一种乐趣；就会自觉地忠诚于工作，一心一意地想工作，全神贯注地谋工作，把工作放在第一位，比别人多做一点、做得更好一点；就会不怕吃苦受累、加班加点，不怕批评，不怕吃亏。

● 精业是敬业的升华。美国有一位科学家曾说过:“一生做好一件事”，可见其对工作的完美追求态度。要想精业，必须要勤奋。懒惰则是敬业的大敌，一个人的懒惰，只是个人的不幸，一个民族的懒惰，则是整个民族的悲哀。我们肩负着中华民族伟大复兴的历史使命和建设现代化武警部队的重任，这就要求我们每个人打起十二分的精神，勤奋工作，专于工作，精于工作。

● 创业是落脚点和出发点。创业就是立足现有条件和基础，不断开创工作新局面，谋求事业新发展，开拓人生新境界。历史和实践证明，一个民族、一个国家、一个单位和个人，只有不断地进行创业，不断地努力前进，才能紧跟时代潮流，适应社会发展趋势，永远不被淘汰。创业首要的是端正指导思想，始终能够以对党，对国家、对人民、对事业高度负责的精神静下心来干好该干之事。

【案例借鉴】

爱岗敬业　无私奉献

2018年1月，工业智造分公司承接了上海柯马吉利发动机调试项目。工业智造服务部从技术层面分析上海柯马吉利发动机调试项目，决定让刘圣地担当项目负责人。当时，刘圣地的孩子出生才两个月，领导找他谈关于承接上海柯马吉利发动机调试项目时，他立马接下“军令状”。他说这是一个很好的学习和锻炼机会，通过这个项目可以将技术组员工的技术水平上升到一个更高的档次，同时也可以了解汽车产业的发展趋势，为以后承接汽车行业项目打下坚实的基础。

汽车行业和冶金行业电气控制方面还是存在很大的差别，一到调试现场，按照甲方所提出的30个自动工位，84个手动工位和7条区域链进行分工，收集工位工艺说明，对照图纸查找设备，而他则拿到甲方所提供的程序结构和数据库进行分析。通过与甲方技术人员的沟通和自己两个昼夜的分析，终于弄清了整个程序的结构。他立马召集项目组人员讲解程序结构，将整条发动机产线机器人、照相机、拧紧枪、MOBY等设备与PLC通信地址一一标注出来，便于项目组人员及时了解程序结构和快速编程。为了不影响上海柯马发货时间，2018年春节期间，他带领项目组全部员工仅回汉待了三天，即赴上海继续调试，通过项目组全体员工的不懈努力，终于在2018年4月中旬完成上海柯马吉利发动机调试项目，得到了上海柯马公司和吉利厂家一致好评！

“把身边的小事做好，把应尽的责任落实”，这是刘圣地严于律己的工作准则。在设备维护这个平凡的岗位上，他用自己无言的行动，默默展现着一名共产党员的人生观、价值观，忠实践行着“四零”的服务理念，成为公司优秀党员中的楷模。

同事肖友这样评价刘圣地：在项目攻关和技术创新方面，刘圣地表现非常出色，他带领技术组在上海柯马吉利发动机项目中，克服了跨行业、新工艺、新人多等重重困难，带领项目组成员吃住在现场，经过几个月的辛苦工作，终于保证了该项目的正常完成，而他从不计个人名利，表现出了坚忍不拔的精神和无私奉献的个人品质。

案例思考

课程思政

结合案例，谈谈创业者为什么需要敬业精神？年轻一代大学生如何培养敬业意识？

经全国职业教育教材审定委员会审定

创新创业课程资源库

案例 ● 教案 ● 音视频 ● PPT课件 ● 电子教材

策划方案 ● 课程思政资料和图片 ● 创业计划书

扫描二维码，学习二十大主要精神

创新创业 10步法

创新创业第三步：了解创业基本规则

3-1 创业有哪些可以借鉴的法则？

创新创业10步法

第一阶段 创新创业第三步：了解创业基本规则

• 可视化翻转课堂图 •

3-1 创业有哪些可以借鉴的法则？

A 事业成功者有特质吗？

A1 忍得住孤独

A2 耐得住寂寞

A3 挺得住痛苦

A4 顶得住压力

A5 挡得住诱惑

A6 经得起折腾

A7 受得起打击

A8 丢得起面子

A9 担得起责任

A10 保持有激情

B 孙悟空有斗志吗？

B1 大闹天宫时

B2 西天取经路上遇到大妖强怪时

C 创业团队人才能力互补法则

C1 最好有个年纪偏大，未必自己有钱，但善于融到资的人。

C2 最好有个思维活跃善于突破的人。

C3 最好有个稳扎稳打善于刹车的人。

C4 最好有个勤俭节约，善计成本的人。

C5 最好有个口才不错，又说话靠谱，能让人信服的人。

C6 最好有一个有良好人脉和有效社会资源关系网的人。

C7 最好有一个懂市场营销又有5年以上销售经验的人。

D 创业项目管理法则

D1 别打肿脸充胖子讲究办公条件，不要为撑门面不顾底子。

D2 人适其事，事得其人，人尽其才。

D3 准确知道必须请的人是谁，必须留住的人是谁。

D4 先做大产品市场空间，再做品牌知名度和美誉度。

D5 不要一上来就做系列产品，最后死在系列里面。

D6 一定要有一款拳头产品，单点突破。

D7 创始团队每位成员都要到一线市场上去感受真切的竞争硝烟。

D8 要懂得员工入职是因为公司，离职通常是因为上司。

D9 用最快的速度把产品做成一个市场标签，让用户记住。

D10 先要学会爬楼梯，再去找电梯。

D11 要清醒：成功和失败只差一点点，市场随时可能让你死去。

D12 随时学习充电，随时警惕不要让自己因电量不足而自动关机。

D13 融资的时候不要过于纠结股份而错失发展良机。

D14 能做成平台的时候不要迷恋自己的“产品”。

E 创业领域森林法则

E1 千万别指望编个故事就能融到资，即使能暂时成功，最后也只能存在于故事里。

E2 投资人是用钱放大你的成功，哪怕是暂时的成功。资本最喜欢做锦上添花的事，而不喜欢雪中送炭。

E3 创业成功四伙伴

E4 如果你把三五年后干什么想得很清楚，却不知道接下来三天该干点什么，你的企业和项目多半活不到三五年。

E5 当别人同你说，你这个想法太好了，太有需求了！

你反问一下：这么好的方向你愿不愿意投钱给我干？

通常95%的人会选择闭嘴。

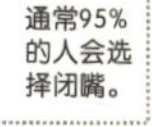

E6 遇到真正牛的人，大胆给股权，如果怕他走，定个锁定期和兑现条件就行了。你连还没赚到手的钱都不舍得给别人，凭什么让别人跟着你卖命？

E7 自己不行就不行，别说风凉话，别人牛自有别人牛的道理。

E8 要相信“相信的力量”：我相信，所以我做到了！而不是你先让我看见，我才相信，因为很多时候看见了还是怀疑。

E9 跟别人谈合作，先问清别人是做什么的，然后清楚地告诉对方，我能给你什么。我想从你这里得到什么。千万别上来就忙着说自己是干什么的。

E10 很多事情不是因为困难重重让我们失去信心，而是我们先失去了信心，才让事情变得困难重重。

3-1 创业有哪些可以借鉴的法则？

战略思维

【问题聚焦】

商业本质上应该是战略，而战略的核心是聚焦与定位。在当前“大众创业、万众创新”的新时代，呈现在创业者面前越来越多的是一片又一片的红海，那么创业成功的关键则是通过战略聚焦搜寻属于自己的蓝海。

身处不确定性时代，人人都应该具备战略思维，然而遗憾的是仅有少数人具备。也许是有些人太过贪婪，想要的东西过多，才找不到自己的位置与焦点。应该说，战略思维在某种程度上代表一个人的层次、境界与格局。缺少战略思维的创业者多半领导力与影响力都欠缺，同样员工如果缺少战略思维，就很难靠近组织核心层，难以成为合伙人。

1.创业如果缺少战略思维，容易出现以下情况：

● 容易从众、没有主见。相当一部分人，尤其是创业者对环境过于敏感、浮躁、投机、跟风，表现为强烈的机会主义，不能拒绝诱惑，没有战略定力，这就是随波逐流式羊群效应的体现。有些老板的耳根子软，太容易受他人影响，这就导致企业这艘船不能坚守主航道，最终难成大器，成为“小老树”——小老树是一种形象的比喻，在树还没长大的时候就开始分杈，边长边分，但舍不得剪掉枝丫，貌似长得很茂盛，最后长不大。企业创始人与合伙人在创业初期应当扮演园艺工程师的角色，通过修修剪剪，保持企业在正确的轨道上。

● 过分注重短期利益。大部分人一般都很现实，但是如果一味追求落袋为安，只注重眼前利益，没有远见，自己还美其名曰“务实”，其实是格局不行。在创业初期也许还可以，但是如果做到一定规模还如此“务实”，就成了致命伤。长期主义价值观，就是事先谋划眼前看不到收益的事情，比如团队建设、人才孵化、企业核心竞争力的培育、具有划时代意义的产品迭代升级等，这些都是不可能一蹴而就的。

● 自娱自乐与自欺欺人。很多人喜欢将战略当作“口头禅”，对企业战略似乎很狂热，很迷恋专业的战略策划，但基本都是夸夸其谈。甚至为了给自己镀金，非常爱进修，花大价钱到处听课，到处结交战略大师，满口都是天下大事、前沿理论，实则缺乏真正的智慧，从来没有落地过。这些人自认为顿悟了战略的真谛，殊不知已经离战略越来越远。

2. 深入理解战略思维

● 战略思维是指面对外部的不确定性复杂环境，对关系事物全局的、长远的、根本性的重大问题进行灵活而主动的谋划，这种谋划是一个分析、判断、预见和决策等动态过程。

● 战略思维的本质是舍得，也就是选择与放弃，即选择做什么，同时决定不做什么。

● 战略思维的属性又体现为目的思维、老板思维和权变思维。换句话说，战略思维具有如下四个属性：目的性（明确目标）、全局性（把握全局）、重点性（抓住重点）和长远性（着眼长远）。

3. 好战略应具备的特征

● 战略必须简单 ● 战略目标明确 ● 善于调查分析

● 敢于把握趋势 ● 确保其连贯性 ● 战略必须可行

创业要有意识地培养战略思维，对工作必须全局谋划，即整体和长远谋划，不可陷入事务主义。判断是非得失必须以全局利益作为标准，不可因小失大。在事关全局的问题上必须旗帜鲜明，不可随波逐流。

3-1 创业有哪些可以借鉴的法则？

整合思维

【问题聚焦】

整合就意味着要开放自己，突破边界，拥抱不确定性。那么，究竟什么才是真正的整合思维呢？整合思维是指面对相互冲突甚至对立的模式时不是简单地进行选择，而是能够进行建设性的思考，创造性地解决它们之间的冲突，形成一个既包含已有模式的某些成分但又优于已有模式的新模式。

1. 整合思维的特征

在乌卡时代，由于信息超级饱和，各个领域暂时达成的平衡局面会不断被打破，无论是商业组织还是我们个人，很容易发现自己处于一团乱麻之中；而整合思维以复合的、动态的灵活方式，为我们提供了选择之路。这种思维的独特之处在于："一流的智商，取决于头脑中同时存有两个互相矛盾的想法而能够继续思考的能力。"

● 面对相互矛盾的事物，建设性的思考，创造性地解决问题。即通过整合A、B两个方案，形成一个新的方案C。例如：小米手机可以整合手机价格和性能的矛盾，生产出质量又好价格又便宜的手机，这就是一种整合思维。宝马GT可以整合商务和旅行的双重需求。SUV可以整合越野和城市驾行的双重需求。

● 整合思维创造各种可能性、解决方案和新观点，也营造出无限可能的氛围，具有整合思维的人敞开心扉，接受世界的每一次挑战。

● 整合思维认为：现有模式并不代表现实，现有的模式并不完美，一定存在更好的模式未出现；同时鼓励思辨模式，接受矛盾和冲突，不惧怕观点对立。

● 具有整合思维的人一般认为：不但存在更好的模式，而且我能够找到更好的模式；分析并介入错综复杂的新模式，能够应对复杂局面；具有乐观精神，给自己时间去建立或改良模式。

2. 整合思维三忌

● 思维定式化，不认为存在更优的方案，也就是有出厂设置问题。

● 追求简单化，偏好单方向的简单因果关系，比如更多带来更多。

● 坚信专业化，被职能、行业专家所累，如专科医生及部门隔离。

3.整合思维三大工具

● 创成式推理：不是探索应该是什么、实际应该是什么，而是探索可能是什么。探索可能性，不同于归纳或演绎，它是思想飞跃和发明的源泉。演绎和归纳推理统治了当今教育领域，但是在解释新模式上面，演绎和归纳无法使人满意。演绎推理需要一个原有的理论或一个能够以之为基础进行推理的模式；而归纳推理则力求在重复再三的经验和观察中获得推论。创成式推理是一种产生思想飞跃的推理，是创新、创意、发明创造需要的一种思维工具。

● 建立因果模式：与简单、线性的目的论或决定论因果模式相比，整合思维要求培养一种具有系统动力学特点的、辐向式比喻的、多向多元的因果关系模式。

● 积极质询：不故步自封，局限于自己的模式或观点，而是进行积极主动地、善意地倾听、探讨不同的观点，在获取更多信息、理解对方观念的基础上，创造性地提炼出更好的解决方案。当与别人在某种心理模式的基础上进行互动时，我们通常会努力维护自己的模式，以防他人质疑和对抗，我们总是费很大力气向别人解释自己的模式，反对各种批评，在逃避批评和反对质疑中，虽然这样对自己的模式的理解会更加深刻，但是无法从他人的模式中学到任何东西，我们只能局限在自己的思维模式中，无法找到新的创造性解决方案。

3-1 创业有哪些可以借鉴的法则？

参见第29页翻转课堂情景图，团队按以下任务进行分工合作，在任务纸或大画纸上完成。

1.事业成功者需要具备哪些特质？创业者需要具备哪些特质？创业者的特质与事业成功者的特质有区别吗？如果有区别，有哪些区别？

2.孙悟空是创业者吗？为什么？他有哪些特质？为什么孙悟空大闹天宫时很多神仙和天兵天将都打不过他？而后来孙悟空在西天取经路上经常连妖怪都打不过？难道妖怪比神仙和天兵天将都厉害？

3.一个创业团队需要有哪些人才？你的创业团队现在已经具备了哪些人才？人才的级别如何？还缺哪些人才？缺的哪些人才在哪里可以找到？

4.创业项目管理法则有哪些？创业领域森林法则有哪些？描述一个寻找和吸引一流人才加盟的故事，最后产生了什么结果？或带来了什么后果？或创造了什么与众不同？

整合思维的两大法宝

1.掌控能力

● 掌控能力是创新能力的激发条件。如果没有掌控能力，所有凸显数据、因果关系都没有意义。

2.创新能力

● 创新能力是掌控能力的生成条件。缺乏创新的掌控能力会机械生硬，缺乏掌控的创新能力比较脆弱。整合思维者凭借丰富的经验，无论面对的情况是需要调动掌控能力还是创新能力，都能够快速做出反应。

【案例分享】

这才叫资源整合

如果你现在只有1家店，或2、3家店，而且做得还不怎么样，你是断然不会去想如何再去开10家店的。你想的是如何提高业绩，如何学习模式，如何规范管理、技术、流程、员工教育……

一大堆的问题好像永远都解决不完。如果告诉你：不管你现在有多少家店，学习以下方法后1个月你就可以开10家直营店，10家店一年就可以变成100家……

首先你需要做的是忘掉业绩、模式、管理、技术、流程。如果你有1000万元，那么你可以直接请人来解决这些问题，用现金流的方法来看待：一家店一年做150万的业绩，10家店就是1500万元。100家就是1.5亿元。

资源互换可以产生强大的魔力：假如你擅长技术，你对面或隔壁的店擅长管理，过去的思维模式是你拼命学习管理来打败你对面或隔壁的竞争对手；同理，你的竞争对手也在拼命地学习技术来打败你，三年过去，你们谁也没有打败谁，因为你和你的对手都在不断地学习和进步，最终的结局是，在你和你的竞争对手拼得你死我活、两败俱伤的时候，一个大连锁进来把你和你的竞争对手全部收购了……

这就是大多数单店老板的思维！上海有一个连锁店客户，他非常擅长资源整合：他经常出资同时收购2-3家生意不是很好的店，收购后转让掉其中两家（有

3-1 创业有哪些可以借鉴的法则？

时转让会赔钱），保留一家地理位置最好的，然后把其他两家店的员工合并到这家店来，这样员工就不缺了；再把那两家店的会员顾客集中到这家店来消费，然后顾客也不缺了。如果当初被他收购的那三家店懂得一起合作而不是自相残杀……

我们来换个思维：假如当初你和你的竞争对手联合起来，成立一家公司，你负责技术，他负责管理。那么你省下3年的时间来研究管理，他省下3年的时间来研究技术。你们一合作管理和技术都有了，再找一个比较擅长营销的老板来合作，那么技术、管理、营销全部都有了。

欧盟由27个国家组成，只要是欧盟成员国的公民，无需签证，在欧洲境内海陆空畅行无阻，27个国家统一了货币叫欧元，统一了金融银行系统叫欧洲央行，国家和国家都可以合作。

一谈到和别人合作，大多数老板的思维却是：和他合作我有什么好处？一旦你形成了这种和别人合作就必须占别人便宜的思维，那么你就永远都做不大，因为没有人愿意和小心眼的人来往。

正确的思维方式是：和他合作我能带给他什么好处?一旦你形成这种总裁的格局，你缺的只是下面的方法而已……

打败对手的最高境界是整合对手。两家店如何合作呢？谁也不要去想收购谁，股权互换就可以了。假如你们两家店的股本都是50万元，那么你用20%的股权换他20%的股权就可以了，如果两家店股本不一样，用等价交换股权的方法是一样的。账谁来管都一样，请专职会计就可以了，管钱的事到银行申请一个你和他的联名账号就可以了。两家股本各50万元的店合并在一起后，总股本就达到了100万元，这时再去整合第三家店，假如第三家店的总股本也是50万元，那么你用10%的股权就可以换他20%的股权了，三家店加在一起后总股本就达到了150万元，用同样的方法再去整合第四家，第五家，……第十家。

你想整合谁？假如每家店的股本都是50万元，那么10家店的股本就是 500 万元 ，成立公司后如果公司控制门店股份为30%，那么公司占门店总股权就是500×30%=150万元，也就是说公司董事会股本是150万元，而公司本身的总股本就是董事会股本加公司实际投资金额。

假如原始创业团队是10个老板，每人一家店，那么就代表董事会股东是10个人，每个人的占股比例就是你转到董事会的实际股本除以公司总股本，得出你在公司所占的股份比例。成立公司的法律流程，公司章程，股份合同等花3000元委托律师事务所就可以了。

一个人去开10家店会很累，因为你什么都要管；10个人去开100家店就很轻松，因为分工明确：搞技术的搞技术，搞管理的搞管理，搞营销的搞营销，搞流程的搞流程……

10个人开100家店看起来还是1个人开10家店，赚的钱应该一样多，其实，10个人开100家店赚的钱平均下来比1个人开10家店赚的钱多3倍以上，而且更轻松。

通过整合的方法谁也没有多花一分钱，用股权互换的模式你已经拥有了10家店，那么整合10家店的时间一个月足够，一分钱都不用花。在资源整合的过程中，考验的是你的谈判沟通技巧和格局，斤斤计较的人是永远做不大的。

［案例来源：http://www.360doc.com/content/18/0313/21/43191721_736757108.shtml］

案例思考

课程思政

结合案例，如何理解创业的本质就是资源整合？整合资源如何实现个人价值与社会价值的统一？

经全国职业教育教材审定委员会审定

创新创业课程资源库

案例 ● 教案 ● 音视频 ● PPT课件 ● 电子教材

策划方案 ● 课程思政资料和图片 ● 创业计划书

扫描二维码，学习二十大主要精神

创新创业

10步法

创新创业第三步：了解创业基本规则

3-2 不适合创业的人与创业误区

创新创业10步法

第一阶段 创新创业第三步：了解创业基本规则

• 可视化翻转课堂图 •

3-2 不适合创业的人与创业误区

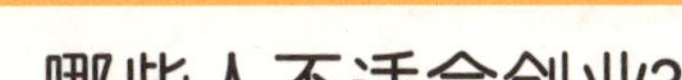

A 哪些人不适合创业?

A1 没有拥有面对困难勇气的人

A2 缺乏说服别人能力的人

A3 没有自信心的人

A4 特别怕累的人

A5 特别怕麻烦的人

A6 心理特别敏感，特别在意别人评价的人

A7 受不了委屈的人

A8 随意、散漫过于追求自由的人

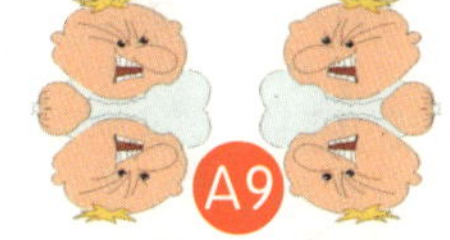
A9 做事情没常性，容易放弃的人

A10 对和家人相处时长很在意的人

A11 抗压能力差的人

A12 没有创业动机的人

A13 对要不要创业这件事犹豫了很久、困惑了很久的人

B 创业是一种人生

B1 司机

B2 千亿富翁

B3 天津117大厦

B4 红酒

B5 马球

B6 赛马

C 创业者的核心能力

C1 行业研究能力

充分研究选择的行业，多体验、多了解市场产品、同行的产品、已经有的国内外的产品，在体验和了解的基础上从不同角度去研究，在研究的基础上去突破和创新。

C2 善于填补空缺的能力

产品的需求被满足之后，就会衍化出新的迭代需求。善于做别人不愿做或还没有来得及做的事情，善于做人无我有、人有我优、人优我新、人新我快的产品。

人的需求永远是迭代的 做未知的事情，做差异化的产品

C3 从失败走向成功的能力

没有失败的成功是不完整的成功，每一位创业者身上都有一个勇字，成功的曙光最终不会遗忘那些屡败屡战的创业者们。

失败了，换个姿势再来过：败而不倒论英雄

360董事长周鸿祎曾失败3次；小米董事长兼CEO雷军曾失败3次；新东方董事长兼总裁俞敏洪曾失败3次；苹果教父乔布斯曾失败2次……

D 探讨几个问题

D1 既然我不适合创业，就没有必要学习创业

D2 我不去创业，学习创业有什么用?

D3 创业的内核是创新

D4 创新型就业与实干型创业

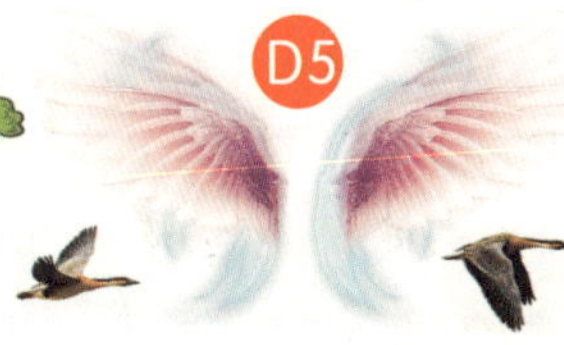
D5 拥有创新的翅膀，没有风口也能飞!

E 机会与陷阱

E1 世界上最大的陷阱，叫“机会型陷阱”

当你看见天上掉馅饼的时候，通常地上有一个陷阱在等着你。

E2 越是多赢的局面，越可能是个机会；如果只有你占尽便宜，那一定是陷阱。

E3 开头容易但越做越没劲的是陷阱；开头特难，但越干门槛越高的是机会。

E4 周边人赞成与否不重要，是否出手帮你很重要。

一旦开始干，帮你的人越来越多的事，是机会；帮你的人越来越少，甚至开始就没人帮，是陷阱。

E5 志同道合、同舟共济的是机会；各怀心思、花言巧语、粉饰太平的是陷阱。

E6 因资源而启动的事，容易翻转为陷阱；因顺势而发生的事，容易找到机会。

E7 推动社会新分工的事，是机会；在各种裂缝中套利的事，陷阱。

E8 结在树上的南瓜是陷阱；嫁接的苹果是机会。

E9 做成了也有后遗症的是陷阱；就算做不成也长本事的是机会。

E10 可以正大光明干的事是机会；必须遮掩、唯恐别人知道的事是陷阱。

F 真正的创业者与叶公好龙式的伪创业者

F1 创业第一步想到什么?

真创业者
- 用户 • 痛点
- 产品 • 模式

伪创业者
- 风口 • 投资
- 短期资金回流

F2 创业者对人脉怎么看?

真创业者
- 合作共赢
- 知己不泛滥

伪创业者
- 关系开路
- 人脉决定未来

F3 创业失败了怎么办?

真创业者
- 反省总结
- 从头再来过

伪创业者
- 创业完蛋了
- 回去打工吧

F4 创业者对待人才的态度如何?

真创业者
- 善识善用人才：人才难得，花多大代价都要留住。

伪创业者
- 我只想马儿跑，最好马儿少吃草。

F5 创业者最关心的数字

真创业者
- 用户增长量
- 用户反馈

伪创业者
- 收入数字
- 费用开支

F6 创业筹措资金

真创业者
- 看准了想尽一切办法都要上

伪创业者
- 找别人投资自己投钱就算了

F7 面对难关时

真创业者
- 跟着我想尽一切办法去解决

伪创业者
- 你来做，我来做要你干吗?

F8 当工作效率低时

真创业者
- 先从自己找原因再去找办法

伪创业者
- 这些人真无能，我该换人了。

如何激励员工?

真创业者
- 工资 • 奖金
- 福利 • 未来

伪创业者
- 奉献 • 梦想
- 底薪 • 未来

3-2 不适合创业的人与创业误区

商业思维

【问题聚焦】

很多人将“商业思维”简单地定性为只在商业交易中存在的，甚至认为“商业思维”就是与买卖活动相关的，还认为：“我以后的工作跟买卖也没什么关系，没有锻炼商业思维的必要。”

管理学大师查兰在《客户说》中曾经说过：“商业思维就是把握经营本质的能力，包括利润率、投资回报率以及增长率等。”简单来说，商业思维就是一种“以利益为先”的思维。

但是，商业思维的应用范畴远远不止商业活动这么简单，它是生活中的重要部分，在日常的经济行为中、个人的事业以及发展中、人际交往中都有着非常重要的作用。

成功的人，都是具有很强的商业思维的人。创业在某种程度上就是在演绎商业思维。

1.商业思维三要素

用 户	痛 点	解决方案

2.商业思维的维度

● 用户思维。创业的本质就是价值创造，那么最为核心的问题就是“为谁”创造价值。作为创业者，必须深入研究用户，提炼用户特性。站在用户角度思考，用用户的语言表述用户关注的点，以帮助用户思考和判断，从而让用户能快速获取自己所需的过程。因此，用户思维具有如下几个核心特征。

（1）“以用户为中心”或“用户导向”。

（2）创业就是创造美好的用户体验。

（3）关注用户的痛点、痒点、爽点与尖叫点等。

（4）重视用户的口碑，保持与用户的良性互动。

（5）想用户之所想、急用户之所急。

（6）站在用户角度直接描述产品利益点，让用户不用思考，能马上判断。

● 产品思维。创业者是站在两个十字点交叉线上，一条线是科技和人文的交汇点；另一条线是要用户和技术实现的交叉点，这两条线是互相冲突的，创业者需要平衡好用户的需求和实现的能力，不是通过中庸解决，而是两条线都要做到，这就是产品思维。在用户和技术、战略和执行这四个维度的冲突里，用产品思维的解决方法是：

第一，先代表用户。产品经理自身就是典型的用户，如果不站在用户使用的角度，那只会加剧冲突。

第二，小心求证。产品经理要考虑别人有没有类似想法，看有哪些公司离我们做的事很接近，看看他们有没有做成，在你的创新点不成熟的时候，要将试错率控制在最小范围内。

第三，能不创新就不创新。创新都是有风险的，而且创新的风险非常高，产品经理只需要在产品的一两点上有突破，产品的其他地方用成熟方案去实现需求，而不是所有地方都用新方法，这不仅无助于解决冲突，还会影响产品的体验。

在这些维度里，创业者不是定义产品是什么，而是明白产品最终要实现功能和对用户的价值，产品思维也不用回答我是谁，而是要知道我要到哪里去。

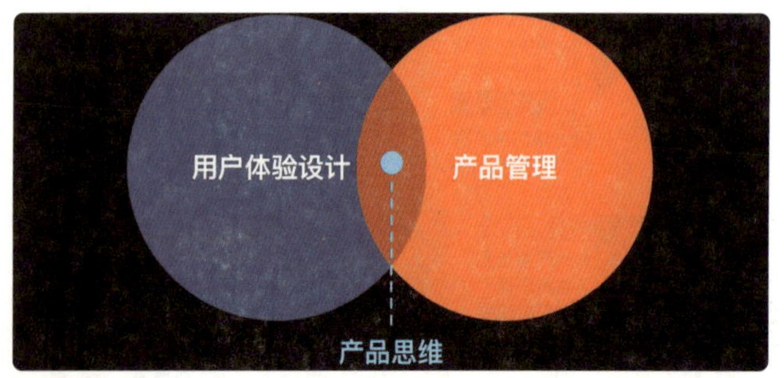

3-2 不适合创业的人与创业误区

3.重构：商业思维的提升

- 价值视角：关爱别人，受益自己。
- 打破才可能有新的机会。
- 保持独立性，用自己的方法解决问题。
- 成大事者应不拘小节。
- 简单的事物给人以无限的想象空间。
- 拨开迷雾、直奔主题。
- 代价最小、受益最大。
- 要么整合他人，要么被他人整合。

【案例分析】

什么才是真正的商业思维？

坐飞机的人，去机场或者回家，打车的话，大概平均要花150元。要是能免费，那该多好啊！

然而现实情况是，一没钱，二没车，三没司机。

但世界上总有些骨骼清奇的人，能在电光火石间秀出神一般的操作：

首先，联系四川航空，跟他们说，如果能做到对乘客免费接送，那么大家坐飞机的意愿会大大增加，这将极大地提升公司的业绩。

这是显而易见的，谁不愿意坐免费的车呢？但是需要川航出点钱。经过谈判，公司愿意对购买5折以上机票的人，从机票中抽出25元服务费，来换取对乘客的免费接送。

现在，航空公司已经允许了，并且也愿意出25元/人。问题是还没有钱买车，也没有司机。

其次，联系风行汽车公司，挑了一款14.8万的车，告诉他们，需要购买150辆。当然量这么大，需要卖便宜一点。风行觉得有道理，于是便宜了一点。又跟他们说，这是机场接送乘客的，可以每接到一个乘客就给他们打一次广告。因为能坐飞机的人看起来还是挺像能买车的人，嗯，就是传说中的目标客户。既然给你打了广告，那这个车还需要再便宜一点。风行又觉得有道理，最终谈到了每辆车9万元的价格。

好的，铺垫都已做完，是时候开始真正的表演了。

发布消息，找来本地需要买车的人。跟他们说，卖给他们一辆车，是川航免费接送乘客的车。每接送一个乘客，川航会支付25元的服务费，当然一辆车一次可以接送好几个乘客。

这里的客源非常多，这里的竞争非常小，这里的工作非常好。当然车会卖得比市场价贵一点，17.8万。但相比出租车牌照来说，还是便宜多了。

司机们很开心，很乐意，甚至还有些激动。因为本来就要买车的，现在不仅有车，还有工作，收入还很不错。为什么不买？买！买！买！

仅限报名的前150个司机，先到先得。

17.8×150=2670万元。付给风行汽车150×9=1350万元，还剩2670-1350=1320万元。

一分钱没花，1320万元到账。

［案例来源：管理者范文网：https://www.guanlizhe.com/article/18698.html］

案例思考

结合案例，谈谈对商业思维与商业模式的看法。

结合案例，如何理解商业思维的本质是共赢？

• 可视化翻转课堂图 •

3-2 不适合创业的人与创业误区

参见第35页翻转课堂情景图，团队按以下任务进行分工合作，在任务纸或大画纸上完成。

1.哪些人不适合创业？你们创业团队里有没有不适合创业的人？请一一列出并给予综合评价。

2.不适合创业的人就一定适合就业吗？不适合创业的人永远都不适合创业吗？

3.为什么说创业是一种人生？创业者要具备的核心能力有哪些？你们团队中有哪些人具备了创业的核心能力？一一列举出来，并举例佐证。

4.有人说："既然我不适合创业，就没有必要学习创业了。"你认同这个观点吗？请举例阐述理由。

5.创新型就业和实干型创业两者是相互对立的，还是可以相互转换的？请举例阐述理由。

6.评估一下你们现在的创业项目是机会还是陷阱？你知道和见过的真创业者有哪些？伪创业者有哪些？结果如何？

讨论记录区

创新创业课程资源库

案例 • 教案 • 音视频 • PPT课件 • 电子教材
策划方案 • 课程思政资料和图片 • 创业计划书

扫描二维码，学习二十大主要精神

3-2 不适合创业的人与创业误区

• 可视化翻转课堂图 •

【实训活动】

用商业思维发现身边的机会

1. 用户

2. 痛点

3. 解决方案

【拓展练习】

创业项目用户画像训练

结合自己的创业项目，为项目用户精准画像。参照下图，给自己的用户贴标签。

课程思政

团队讨论：

为什么创业需要合作精神、进取精神和拼搏精神？

创新创业10步法

创新创业第六步：
如何设计营销渠道？

6-1 网络营销渠道与营销推广

6-2 实体营销渠道与推广

创新创业第四步：
我的项目有市场吗？

4-1 智能商业与新零售领域的市场融合

4-2 如何发现和设计新的商业模式？

创新创业第五步：
如何设计好产品？

5-1 如何按用户需求设计好产品？

5-2 如何才能更好地帮到客户？

《创新创业10步法》第二阶段思维导图树

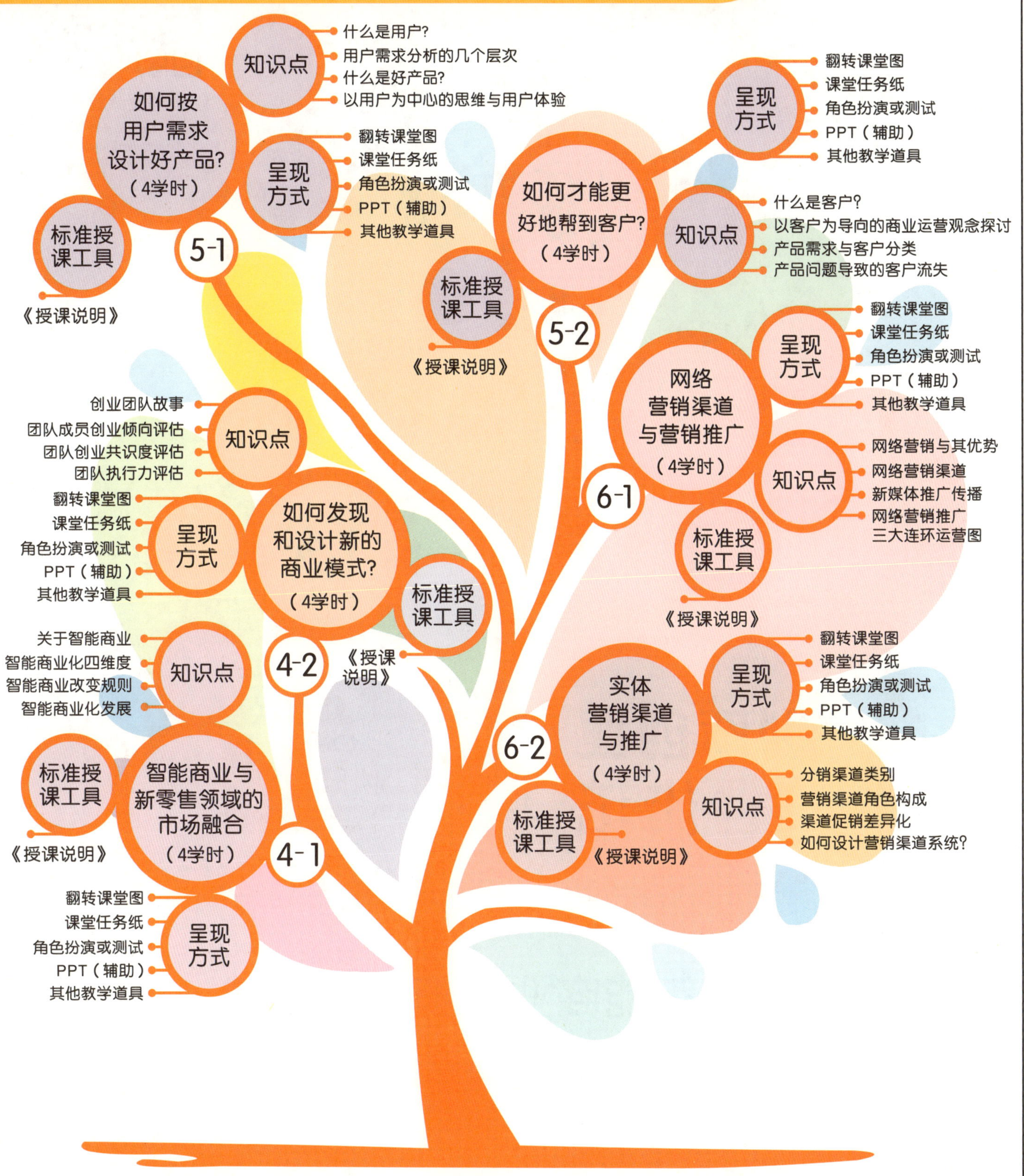

《创新创业10步法》第二阶段4-6步情景式可视化训练　24学时（每个学时45分钟）

创新创业第四步：我的项目有市场吗？（4学时+4学时）；创新创业第五步：如何设计好产品？（4学时+4学时）；创新创业第六步：如何设计营销渠道？（4学时+4学时）。本思维导图供老师授课前备课参考和学生预习使用。4个学时的课程可一次连上4节课，也可分为两次课（每次2节课）。

创新创业10步法

创新创业第四步：我的项目有市场吗?

4-1 智能商业与新零售领域的市场融合

4-1 商业智能与新零售领域的市场融合

A 商业智能与智能商业化

A1 商业智能

商业智能（BI），又称商业智慧或商务智能，指用现代数据仓库技术、线上分析处理技术、数据挖掘和数据展现技术进行数据分析，以实现商业价值。

A2 智能商业化

智能商业化就是未来商业的决策会越来越依靠机器学习，依靠人工智能。机器人将在未来越来越多的商业决策上占据主导位置，智能机器取得的工作效果将远远超过今天人工运作带来的效果。

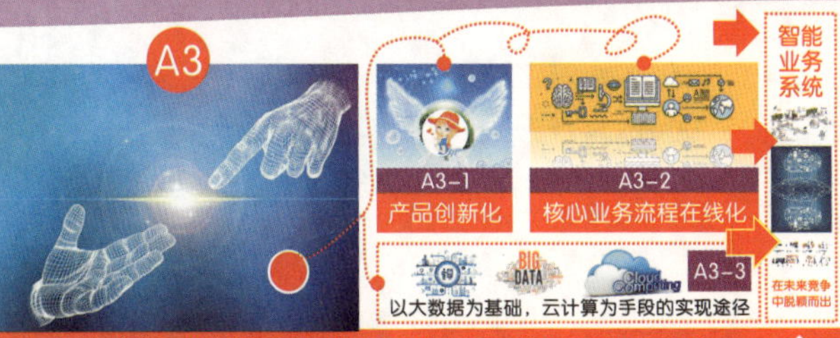

如何把握商业智能和智能商业化过程中出现的机会？

B 智能商业化的四个维度

B1 产品

从交易价值到使用价值

所有的智能产品都是为了服务用户。在智能商业化时代，产品的使用才是价值创造和获取的开始。用户的持续使用意味着数据的持续输出，也意味着针对每个用户需求算法的迭代，这种参与使价值成为企业与用户共同创造的过程。

B2 市场

从“千人一面”的大众市场到“千人千面”的人人市场

传统的市场商业逻辑是希望通过市场的细分，针对不同人群的需求，提供标准化的产品和服务，最终需求满足的结果往往是“千人一面”的。

智能商业化的市场算法能够有效地实现产品标准化和体验个性化的完美组合，从而实现“千人千面”。

B3 客户关系

从个体价值到群体价值

● 在传统的“千人一面”标准化、规模化的逻辑下，往往特别关注用户的个体价值。

● 智能商业的“千人千面”并不意味着用户关系就是离散的，相反，智能商业提供了很多将用户个体价值转变为群体价值的可能性。通过叠加用户关系，在云技术里能够实现用户集合的新价值创造。

行业

从边界到跨界

在智能商业时代，企业越来越不像是固守在某一行业中的固定玩家，而更像是一个连接器：连接许多不同行业的资源与数据。

这种连接不再是过去简单的流量转换，而是基于数据智能基础上产品与服务的组合，从而更加精准地满足用户的需求。

C 新零售是智能商业化时代到来的一个标志

构建新型协作关系

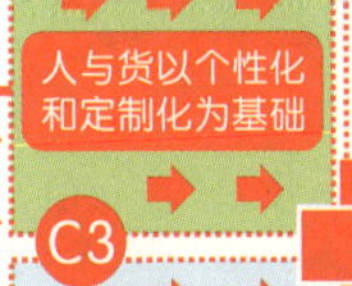

C3

智能商业是新制造、新销售、新消费和新管理的系统性结合。

C4 智能商业

由厂家、销售、用户和平台共同创造的商业生态将在大数据、人工智能等新技术驱动下实现持续共赢。

C5

D 行业为什么会同质化竞争？

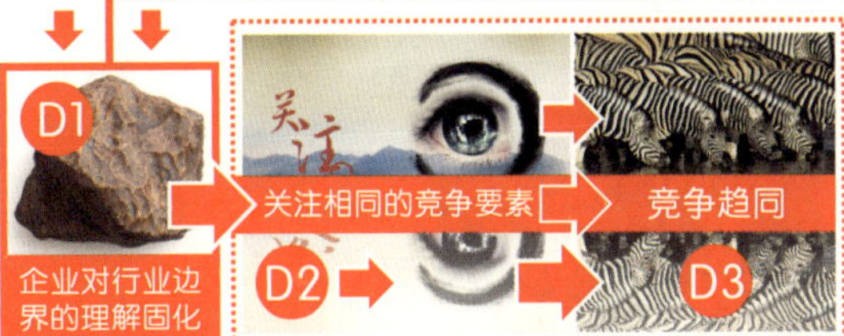

E 智能商业为什么能改变游戏规则？

F 从智能硬件产品看智能商业化发展

4-1 商业智能与新零售领域的市场融合

创业方法论之精益创业

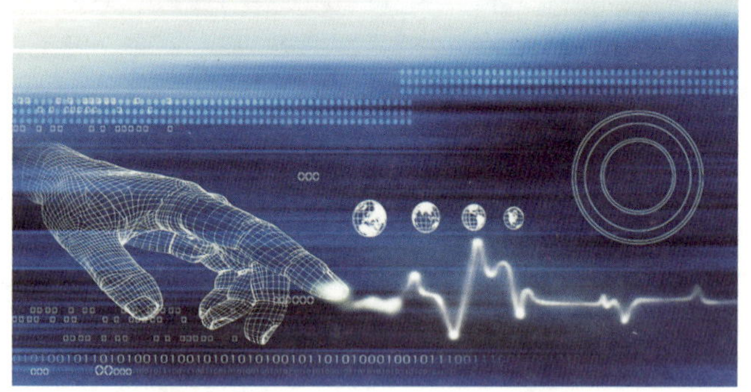

【问题聚焦】

多少年来，很多人认为创业者能否成功具有很大的偶然性，类似于买彩票，充满了不确定性。创业者在搜寻解决方案的时候更多的是靠胆量、运气和直觉。换句话说，创业还不能称之为一门科学，长期以来缺乏科学有效的方法论的指导。马化腾认为创业初期70%靠运气；盖茨说他在年轻时拥有别人没有的优越条件能够接触软件开发，这是一系列令人难以置信的幸运事件的结果；连巴菲特都说从父母那里继承的财产，我真的不想要，但是我在恰当的时间出生在一个好地方，我抽中了“彩票”；扎克伯格告诉记者像他这样的成功，需要运气！大众点评创始人张涛说在创办和发展大众点评的过程中都时常遇到各种困难，那时候并没有得到任何系统性的引导，基本上是凭感觉来做决策，决策处于一种无序的状态。小米的创始人雷军甚至说：“创业就是九死一生，90%的公司会死”。如此众多的创业成功者几乎都认为创业成功是一个概率事件，那么真的是这样吗？创业究竟有没有能够降低失败率的灵丹妙药呢？答案是肯定的，创业方法论就可以帮助创业者揭示创业的规律。

1. 什么是精益？

对于任何创业者来说，时间才是最大的成本。精益则可以最大化减少不必要的浪费，少走弯路，无限逼近正确的需求和解决方案。因此，每个创业者都应该且需要懂精益，事实上每个人都是天生的生活精益者。

特别对于很多初创公司而言，假设创业是过一条河，此岸在A这个点，我们要到彼岸去，我第一眼直接看到的就是正对面的B，为什么？因为B离我最近，直着走就能走到。结果走着走着，感觉B越来越近，却突然没路了，我就不得不尝试别的方案，一下子公司可能就到了谷底，这时候我突然看到了C，我觉得这次应该能走过去了，然后我又朝着C走，快到C了，你发现此路又走不通了，你又得继续尝试，直到发现彼岸的D。几乎所有企业的成长都是这样一个模式，没有哪家公司能够从A直接走到D，因为现实中这种事基本不存在。那有没有好的方法，能让我们从A快速验证到D？当然有，那就是精益方法论。

对于创业者而言，最大的付出就是成本（资源的付出）和时间（青春的付出），精益的本质就是三点：（1）试错；（2）快速试错；（3）低成本快速试错。

2. 创业不精益的症状

- 没找到真正问题，即“痛点不痛、刚需不刚”。
- 把想象中的解决方案当成真正的解决方案。
- 闭门造车，用户没有参与产品或服务的早期研发体验。
- 想着一口吃个胖子，一下搞出完美的产品。
- 急于扩大规模，追求虚假繁荣。
- 看不到隐性成本。

3. 精益创业三部曲

- 需求探索（六个步骤）。只有被需要，后面一切才有意义。创业者在开展需求探索的时候可以参考六个步骤：（1）找到痛点；（2）常识判断；（3）头脑风暴；（4）找到核心用户；（5）用户访谈；（6）提炼需求。

- 用户验证（制作MVP，即最小可行性产品）。虽然前面已经做了大量的需求探索工作，但是用户口头的需求表达并不能代表他的真实行为，而且也不一定真的会掏钱。所以，还必须设计开发一个MVP来验证前面的需求，并进一步过滤用户。实施MVP工作也可以参照四个步骤来进行：（1）找到最需要验证的那个

4-1 商业智能与新零售领域的市场融合

吃不准的问题。（2）针对这个问题打造MVP，并给核心用户体验。（3）收集数据并亲自体验，然后再次访谈核心用户。（4）验证假设，决定干还是不干。

● 推广（快速获取用户）。走完了需求探索、用户验证，如果验证成功，接下来就面临另一个核心问题——推广，给出三个最经典的方法：（1）黏着式：多用于ToB领域，主要聚焦提高用户的转换成本。新客户增长大于老客户流失，业务就会持续增长，这就是黏着式。（2）付费式：适用于游戏领域，主要聚焦用户终身价值。对游戏运营公司来说，只要确定用户的LTV（用户终身价值）大于获取新用户的成本，就能持续运营。（3）病毒式：适用于C端用户，聚焦用户的社交属性。病毒式营销有一个核心指标：病毒指数，即平均每名用户能给你带来多少新用户。如何提高病毒指数？首先是免费，有时甚至不光免费，还得补贴，不光补贴推荐人，还得补贴被推荐的人，比如滴滴打车。

【案例借鉴】

网上鞋店Zappos的精益创业史

全球最大的网上鞋店Zappos的年收入总额超10亿美元。它被认为是全球最成功、最典型的“以客为上帝”的电子商务公司之一。但最初的情况并非如此。

当时，还没有网站集中销售各种鞋类，Zappos的创始人尼克·斯威姆（Nick Swinmurn）认为这是一个机会，于是，他构想了一种新的独特零售体验。按照常规的做法，斯威姆原可以设计并制作一个完整的电商网站，做好基础的测试，全面涵盖仓储、分销伙伴支持，并提供大减价等销售方案。

然而，斯威姆并没有那么做。他从实验网站开始运行。他的前提假设是顾客已经就绪，并愿意在网上购鞋。为了证明这个假设，他询问本地鞋店是否能让他为店里的库存产品拍照。他承诺如果有人从网上买这双鞋，他就会代客以全价从这家店里买下这双鞋子。

Zappos最初的产品很少也很单一。它只回答一个最根本的问题：市场对网上购鞋有没有足够的需求？开展这种新创企业实验需要计划周详，在验证首要前提的同时，也一一测试了其余假设。要售卖鞋，Zappos必须和顾客互动交流，从收取货款、处理退货，到客服支持。这和市场调研截然不同。如果Zappos依赖已有的市场研究或调查形式，它就可能会问：顾客认为他们想要什么？而Zappos所做的是先建立网站，尽管规模很小，但企业还是从中获益良多：

1.它获得了更精确的顾客需求数据。因为它观察到真实的顾客行为，而不是通过提出假设性问题来估计。

2.它站在一个和真实顾客互动交流的位置上了解顾客的要求。比如说，原本的经营计划可能需要涉及折扣定价，但是顾客对打折产品到底有何看法？

3.它可以意外发现一些突如其来的顾客行为，一些以前可能没想到的问题。比如，该怎么处理顾客退货？

Zappos的初期实验得出了一个清晰的、量化的结论：不接受网上购买鞋子的顾客数量很多，但会在网上购买鞋子的顾客也不少。同时，实验让企业观察到真实顾客与合作伙伴，与他们互动并且了解他们。这些定性认知和量化测试相辅相成，尽管Zappos早期的投入规模相当小，但这并不妨碍它最终大展宏图。2009年，Zappos被电子商务巨头亚马逊网站收购，据报道收购价为12亿美元。

［案例来源：埃里克·莱斯. 精益创业. 中信出版社.2020.］

案例思考

1. 你从Zappos的精益创业实践中领悟到了什么？

2. 结合案例，试比较传统创业与精益创业的异同。

4-1 商业智能与新零售领域的市场融合

参见第43页翻转课堂情景图，团队按以下任务进行分工合作，在任务纸或大画纸上完成。

1. 什么是商业智能？什么是智能商业化？两者之间最大的区别是什么？无论是商业智能还是智能商业化，两者都离不开智能业务系统？为什么？

2.企业和项目团队如何把握商业智能和智能商业化过程中出现的机会？

3. 智能商业化的四个基本维度是什么？智能商业化每个维度同传统市场观念有什么不同？在智能商业化的四个基本维度中，你所在的企业或项目团队最擅长的是哪个？为什么？请给予相关依据、数据或证据。

4. 智能商业最重要的特点是什么？智能商业与智能商业化有区别吗？为什么？智能商业是如何围绕“人、货、场、业”构建新型协作关系的？

5. 智能商业的“系统性”和“生态性”分别指的是什么？这两者之间有什么关联性？行业同质化竞争的本质是什么？

6. 多角度举例阐述：最严重的同质化竞争是什么？后果是什么？智能商业是如何运行的？传统冰箱“游戏规则”是什么？智能冰箱是如何改变这个“游戏规则”的？

讨论记录区

创新创业课程资源库

案例 • 教案 • 音视频 • PPT课件 • 电子教材
策划方案 • 课程思政资料和图片 • 创业计划书

扫描二维码，学习二十大主要精神

4-1 商业智能与新零售领域的市场融合

【实训活动】

用商业思维发现身边的机会

以精益创业方法论为指导，以自己或团队的创业项目为样本，量身打造一个精益创业实战方案。

【拓展练习】

用精益画布打磨自己的创业项目

问题	解决方案	独特卖点	竞争壁垒	目标客户
问题 需要解决的三个问题	解决方案 产品最重要的三个功能	独特卖点 用简明扼要但引人注目的话阐述：为什么你的产品与众不同，值得购买?	竞争壁垒 无法被对手轻易复制或超越	目标客户 客户群分类并进行客户画像
	关键指标 应该考核哪些?		路径渠道 如何找到客户?	

成本分析	收入分析
产品成本、争取客户所需花费、销售产品所需花费、人工成本、其他成本等	盈利模式、收入来源、毛利、净利润等

经全国职业教育教材审定委员会审定

创新创业课程资源库

案例 ● 教案 ● 音视频 ● PPT课件 ● 电子教材

策划方案 ● 课程思政资料和图片 ● 创业计划书

扫描二维码，学习二十大主要精神

创新创业

10步法

创新创业第四步：我的项目有市场吗?

4-2 如何发现和设计新的商业模式?

4-2 如何发现和设计新的商业模式？

A 为什么需要发现新的商业模式？

A1 生意越来越难做

新技术的发展使信息越来越对称，赚取差价的中间商生意越来越难做。

A2 产业链的流向在逆转

过去是先生产再消费：生产者–经销商–消费者，现在正在发生转变，未来一定是先消费再生产：消费者–设计者–生产者。未来，传统经销商这个群体将消失，而能够根据消费者想法而转化成产品的设计师将大量出现。

A3 未来产业正在向三维发展

一维世界（传统产业）正在推倒重建，二维世界（互联网产业）被划分完毕，三维世界（智能科技产业）正在形成，高维挑战低维具备优势。所以网店可以冲击实体店，信息互联产业的强有力的竞争对手一定会出现在智能领域。

A4 个性化时代正在到来

电子商务从商家对商家、到商家对个人、个人对个人，个人对商家、最终是个人对工厂。未来每一件产品，在生产之前就知道它的顾客是谁，个性化时代到来，乃至跨国生产和定制。

A5 “跨界互联”引发商业大变革

中国商业“跨界互联”以“互联网+”为基础，不同行业之间互相渗透、兼并和联合，不同业态互相制衡，最终达到一种平衡的状态，从而形成新的商业生态系统。

B 商业模式及主要构成

B1 什么是商业模式？

商业模式就是构建如何塑造产品与服务的价值、如何向目标对象传递和交付创造出来的价值、传递和交付到位后如何获取收益这一连贯的商业化过程的逻辑和结构。

不存在不需要商业模式的企业甚至个人

打工也是一个简单的商业模式：出售时间或创造出来的价值给相关组织和机构，获得工资、奖金或更多的收益。

B2 商业模式主要模块构成

B2-1 产品模式

核心的产品/服务，是什么？

核心的产品/服务，能解决什么问题？

B2-2 用户模式

产品/服务对应的目标消费群体是怎样的？是刚需吗？

产品/服务解决是高频需求还是低频需求？

B2-3 推广模式

市场有多大？

竞争对手有哪些？

是否容易被别人复制？

推广难度有多大？推广成本多高？

如何推广？

B2-4 盈利模式

如何盈利？

真正的盈利模式往往和最初的商业计划里的盈利模式不一样，是在市场拓展的过程中不断调整的。

B3 商业模式系统结构

价值服务（我怎样才能帮到我要帮的人）

关键业务（我要做什么）

客户关系（如何与关联者打交道）

渠道通路（传递、交付、宣传）

客户群体（我能帮助谁）

收入来源（我能得到什么）

成本结构（我要付出什么）

重要合作（谁愿意帮到我）

核心资源（我拥有什么）

C 正在流行的四种商业模式

C1 流量+

流量的商业模式是通过“流量+”的方式来实现的，如流量+自媒体，流量+电商，流量+餐饮。通过这种方式实现提供大数据服务方、平台开放方和需求方的多方共赢。“互联网+”创造价值，“流量+”实现价值。

C2 多方平台

多边平台将两个或者更多有明显区别但又相互依赖的客户群体集合在一起。只有相关客户群体同时存在的时候，这样的平台才具有价值。多边平台通过促进各个客户细分群体之间的互动来创造价值。

C3 交易型

以交易为核心的商业模式必须有效解决两大问题：

第一，解决相关交易者利益结构，即利益分配，大大缩短交易前考虑时间。

第二，解决接触点服务问题，不仅大量减少终端的顾客流失，而且可以提高顾客忠诚度与回头率。

核心技术

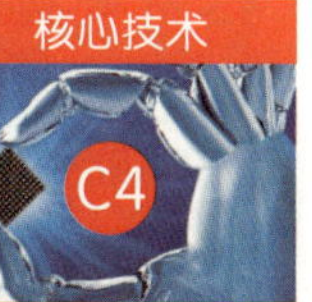

C4 新技术型

没有核心技术，就没有核心竞争力的商品，任何商业模式都难以持续生存。核心技术与商业模式，是相互依存，相互促进，相互发展的。在大众领域，商业模式比技术更重要；在特殊领域，核心技术比商业模式更重要。

在新技术（如人工智能、区块链、大数据、云计算）不断得到应用的今天，技术不仅改变我们的生活，也不断创造出与之相适应的新商业模式。

D 如何发现新的商业模式？

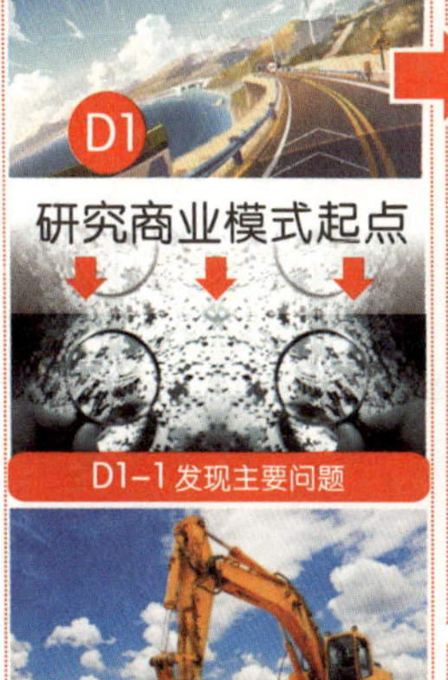

D1 研究商业模式起点

D1-1 发现主要问题

D1-2 挖掘重要需求

D1-3 探索价值空间

D2 资源分析

D2-1 独占性资源分析

D2-2 资源缺口分析

D3 寻找交易主体

确定相关交易者最佳利益分配比例

E 新商业模式设计

一个好的商业模式要具备以下6个基本要素：

E1 雇佣人数少，交易人数多

E2 拥有的资产少，支配的资产多

E3 能持续保障充裕的现金流

E4 动力机制强，容易调动资源

E5 能打破成长空间和资源能力的约束

E6 收益来源丰富，规模收益能持续递增

4-2 如何发现和设计新的商业模式?

第一性原理

【问题聚焦】

注意力稀缺的时代，一切创业行为都必须以创新为前提，否则将会进入竞争激烈的红海，不可能实现“从1到n”的可持续增长。要想实现长期价值，就必须专注不同，推崇颠覆式创新，也就是通常所说的“预期更好，不如不同”，这就是第一性原理。

从哲学的角度来审视，第一性原理最早由亚里士多德提出，其实质是一个量子力学概念，就是打破一切知识藩篱，回归物质本源去思考基础性问题，而不是模仿别人做的事情并稍微加以改进。换句话说，创业者应当摒弃线性思维模式，跨越到非线性思维，发现增长的第二曲线。

1. 如何运用第一性原理创新?

马斯克非常擅长于运用第一性原理解决创新的难题，Tesla就是其中一个典型的案例。在他心中，第一性原理作为创业的方法论，期望本质就是回溯事物的本质，重新思考怎么做。因此，第一性原理可以快速而高效地帮助我们聚焦问题的核心，从而推动创新，甚至是颠覆性的创新。

那么，在自己的学习、工作与创业生涯中如何运用第一性原理呢？马斯克结合自身的经验阅历，给出了三个中肯的步骤：

（1）确定并定义清楚你当前的假设。伟大的物理学家爱因斯坦曾经说过，如果我有一个小时的时间来解决问题，我会花55分钟思考这个问题，并花5分钟思考解决方案。这表明找到真正的问题比解决问题更重要。当你遇到问题或者挑战的时候，把你知道的假设写下来，然后验证是哪一个。找到最终的症结所在，就是你接下来要解决的。

（2）将问题分解为基本原则。马斯克说：要把知识看成是一棵树，进入树叶前，先弄清楚树干和树枝。也就是在你进入细节之前，要先了解基本的规则，这些基本原则基本上是任何事物的最基本的事实或要素。

（3）创建与众不同的解决方案。那个说他知道自己的想法但却无法表达的人通常不知道他的想法。一旦你确定并将问题或假设分解为最基本的事实，就可以从头开始创建新的富有洞察力的解决方案。

2.如何训练第一性原理思维

面对外部动荡而又竞争激烈的环境，每个人都应该找到自己的闪光点，挖掘属于自己的第一性原理，不忘初心，牢记使命，创造更有质量的人生。第一性原理虽然听起来高大上，但也是可以通过训练习得的。

（1）学会独立性思考，多问几个为什么，不要一味地进行类比。

（2）敢于质疑，不接受固有的经验与假设。

（3）树立终身学习的理念。

（4）大胆假设、小心求证，通过实验和实践去验证。

(5) 树立自信，没有强大的自信心，很难挑战常规。

马斯克告诉我们：“一个简单的事实是，你身边被称为生活的一切事务，都是由那些并不比你聪明的人造就的。你可以改变生活、影响生活，一旦你认识到这一点，你的人生将变得不同”。

4-2 如何发现和设计新的商业模式？

讨论记录区

创新创业课程资源库

案例 • 教案 • 音视频 • PPT课件 • 电子教材
策划方案 • 课程思政资料和图片 • 创业计划书

扫描二维码，学习二十大主要精神

【实训活动】

项目打磨与启迪

用第一性原理打磨自身创业项目的内核与精髓。

【拓展练习】如何运用第一性原理找到好工作？

课程思政

团队讨论：

大学生如何通过创新，为国家繁荣富强做贡献？

4–2 如何发现和设计新的商业模式?

翻转课堂情景任务

参见第49页翻转课堂情景图，团队按以下任务进行分工合作，在任务纸或大画纸上完成。

1. 信息时代，生意越来越难做主要表现在哪些方面?新技术时代，产业链条流向逆转的表现主要有哪些?

2. 什么是三维世界？三维世界有什么特点？个性化时代对产品有什么要求？为什么说“跨界互联”引发商业大变革?

3. 什么是商业模式？商业模式由哪些主要模块构成？每个模块涉及哪些内容?

4. “流量+”商业模式有哪些特点？“多方平台”商业模式有哪些特点？“交易型”商业模式有哪些特点？“新技术型”商业模式有哪些特点?

5. 研究商业模式的起点可以从哪几个方面去入手？如何进行资源分析？如何寻找交易主体?

6. “雇佣人数少，交易人数多”的情况有哪些？“拥有的资产少，支配的资产多”的情况有哪些？“能持续保障充裕的现金流”的情况有哪些？“动力机制强，容易调动资源”的情况有哪些？能打破成长空间和资源能力约束”的情况有哪些？“收益来源丰富，规模收益持续递增”的情况有哪些?

【案例分析】

用第一性原理做VR营销策划

基于对市场的调查

移动互联网红利消失。小米为什么能做起来呢?核心是依靠移动互联网红利。但是这个红利现在没有了。社交红利消失。杜蕾斯是依靠这个红利在微博写段子获利的，这个红利也消失了。大部分用户对VR没有认知，因为他们根本不知道什么是VR，什么是暴风魔镜。最后，调查结论是，如果要做，需要大额费用。

调查中找到了一些空间，给出了两点分析：

直播还有些红利。今日头条还有些红利。今日头条现在的确特别牛，日活也非常高，同时还在大量扶持第三方内容。所以，所做营销规划的结论是，通过病毒文章在头条传播，同时打造自己的VR网红。

在微博上能做到杜蕾斯这样的营销有第二个吗？目前没发现你怎么能保证，你写的段子和你写的病毒式文章就能写好呢？这个概率恐怕是万分之一。还有如何能打造自己的网红呢？如果打造不出来，你去用别人网红的流量，有用吗?

基于第一性原理的模型（产品–媒体–潜在客户）

了解潜在用户在看的媒体平台，通过媒体平台买广告位，触达现在用户，这是最简单的模型，应该是传播的第一性原理。由于营销的本质在于触达潜在用户，通过这个模型就找到了最原点的假设。接下来，自问四个问题：（1）我们的潜在用户是谁?（2）他们使用什么媒体平台?（3）他们被谁影响?（4）我们如何说服影响他们的人?

首先，第一个问题：我们的潜在用户是谁?找了另外一个模型去回答这个问题，这个模型是技术采用生命周期。

Step1：爱好者。当技术不是很成熟的时候，是大量的爱好者在尝试，他们喜欢鼓捣。

Step2：早期使用者。他们可能不一定那么懂技术，但可以率先采用这个技术，非常有远见地发现这样的技术很有效，很有价值。

4-2 如何发现和设计新的商业模式?

Step3：早期大众。

Step4：晚期大众。

在这个发展过程中，早期使用者和早期大众之间存在一个巨大的鸿沟：爱好者和早期使用者的共同特征是：对价格不敏感。他们对产品的成熟度不敏感，只要技术够先进就行了。

但一旦到了早期大众的阶段，这些用户都是实用主义者，他们更关注：你有什么实用价值？成熟吗？有社会服务吗？价格足够低吗？很多技术，都是因为没有跨越这一鸿沟，最后成了小众产品。

目前的VR，就是处在第一阶段和第二阶段。它已经征服了爱好者，也有大量的早期使用者，包括教育、医疗、房产、汽车、旅游等领域，这些领域都在大量使用VR，因为他们发现这样的体验可以大幅提升效率。

所以说潜在用户就是第一类和第二类，是科技爱好者和早期使用者：他们会用垂直的VR平台媒体，会上发烧友论坛，也会参加各种各样的行业峰会。

精准营销垂直行业＋当年影响1000W人

To M，对媒体。最大的空间是我们自己。最大的VR媒体在微博上的粉丝都不超过1000人，而我们的微博上的粉丝都超过10万人了。所以，暴风魔镜的第一品牌就是第一媒体。

To C，跟小米的模式一样，让发烧友参与产品的改进，去征服发烧友。

To B，通过行业峰会影响垂直行业的合作伙伴。

实现路径

首先从一个简单的数学推理开始，科技爱好者和早期使用者，这样的用户不会超过一千万人。如果我们一年组织50场这样的活动，一场活动可以影响200人，而这些人是意见领袖，他们可以影响1000人。这样，一年就可以影响一千万人。通过这种线下活动，发现效果明显。

一场VR的会议，就解决了几百号人的影响力问题。而且，这些人还是非常有影响力的人，对行业有非常大的影响。使用第一性原理去思考这个问题，就精准影响到想影响的人群，从而达成事半功倍的效果。

打破一切知识的藩篱，回归到事物本源去思考基础性的问题，在不参照经验或其他的情况下，从物质/世界的最本源出发思考事物/系统。

［案例来源：http://www.360doc.com/content/17/0609/20/41740153_661454244.shtml］

案例思考

1.结合案例，谈谈对第一性原理的理解。

2. 再列举三个用第一性原理解决问题的实例。

实例一：

实例二：

实例二：

"十四五"职业教育国家规划教材

经全国职业教育教材审定委员会审定

创新创业课程资源库

案例 • 教案 • 音视频 • PPT课件 • 电子教材

策划方案 • 课程思政资料和图片 • 创业计划书

扫描二维码，学习二十大主要精神

创新创业

10步法

创新创业第五步：如何设计好产品?

5-1 如何按用户需求设计好产品?

创新创业10步法 第二阶段 创新创业第五步：如何设计好产品？

5-1 如何按用户需求设计好产品？

A 七寸六分的筷子 & 人的感情与生理需求

六欲指人的眼、耳、鼻、舌、身、意的生理需求或愿望

B 什么是用户？

B1 用户就是产品（包括服务）的使用者。如何吸引用户、获取用户、用户重复使用以及用户转介绍等贯穿用户需求挖掘、产品开发、用户体验、用户运营、用户管理的全过程。

- 自购自用 B2
- 他购自用 B3
- B4 自用后复购
- B5 自用后推荐他人

C 用户需求分析的几个层次

C1 对市场需求的整体认知

塑造产品核心价值 C2

C3 用户需求挖掘与匹配

C4 重视产品的用户体验（特别是首次试用）

C5 找到核心匹配人群

C6 将核心用户变成产品忠实粉丝

D 与用户需求相关的要素

- D1 想要程度
- D2 好玩程度
- D3 好用程度
- D4 安全程度

E 什么是好产品？

E1 能满足用户需求的产品

E1-1 满足衣食住行需求

除衣食住行相关各行业各种产品外，相关的工具类有：导航类的有百度地图、高德地图等；外卖类的有饿了么、美团等；衣物类的有京东、天猫等；出行类的有滴滴摩拜等。

E1-2 满足安全的需求

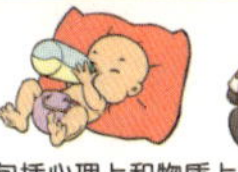

包括心理上和物质上的安全保障，如食品安全（特别是婴儿、儿童食品）、保障电脑手机隐私安全的 360 管家、保障电子付款安全的支付宝等。

E1-3 满足社交需求

人作为社会的一员，需要友谊和群体的归属感，熟人社交的软件有QQ、微信等，陌生人社交有陌陌、探探等。

E1-4 满足尊重需求

任何产品都有满足精神需求和满足物质需求的属性，产品精神上的满足远远大于物质上的满足越容易形成品牌，也越能满足尊重的需求，如奢侈品牌，知乎网站等。

E1-5 满足自我实现的需求

创业投资或众筹平台，如创成汇、聚分子、靠谱投、人人创、投哪儿、第五创等，在一定程度上能满足创业者自我实现的需求。投资有风险，操作需谨慎。

"黏度"是衡量用户忠诚度计划的重要指标。产品用户黏性好，意味着使用频率高、使用时间长。在网络产品方面像社交类的微信、QQ，打开频次一天高达几十次。对产品依赖感越强，用户黏性越高，再消费期望值越高。

E2 用户黏性好的产品

E3 用户在产品体验过程中产生喜悦尖叫声的产品

远超预期、朝思暮想、欲罢不能……

F 用户体验分类

F1 感观体验

产品呈现给用户视觉、听觉、味觉、嗅觉上的体验，强调愉悦、舒适和满足。网络产品的感觉体验一般表现在色彩、声音、图像、文字内容、网站布局等呈现上。

F2 交互体验

交互体验指产品在给用户使用、交流过程中的体验，强调互动、交互特性。网络产品交互体验贯穿访客浏览、点击、输入、输出等的全过程。

F3 情感体验

通过产品给用户心理上的体验，强调心理认可度。网络产品的用户情感体验就是让用户通过站点能产生认同感、抒发自己的内在情感，如果能做到这样，那说明用户体验效果较深。情感体验的升华是口碑的传播，形成一种情感上的认可效应。

情绪的波动是评价用户情感体验的重要指标

G 用户体验地图绘制要素

G1 角色
产品体验的主角用户是谁？

G2 触点
场景中服务与用户接触的关键点

G3 渠道
交互行为发生的地方

G4 时间线
服务前、中、后不同阶段

G5 情绪
在体验过程中的情绪变化

H 如何用"以用户为中心"思维去设计产品？

以Shopify为例。 Shopify是以B2C销售模式开发的购物车系统服务软件，适合跨境电商独立建立网站。用户支付一定费用即可利用上面的各种主题和模板建立自己的网上商店。

优点：
- 不需要技术：服务器、环境搭建、购物程序、支付接口等都不需要考虑。只要交钱，初学者可轻松搭建网站、绑定自己的域名、拥有丰富的模板资源。
- 可以快速建成高大上的跨境电商网站，扩展插件多，几乎你想的功能，都可以通过安装插件来解决。

H1 SHOPIFY 用户

缺点：
- 付交易费
- 违反规则会被封

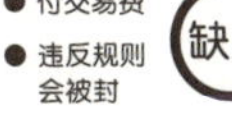

H2 部分跨境电商平台

- 美国 Amazon（亚马逊）
- 中国 Alibaba（阿里巴巴）
- 波兰 Allegro
- 荷兰 Bol.com
- 法国 Cdiscount
- 法国 Spartoo
- 芬兰 Fruugo
- 德国 Zalando
- 日本 Rakuten
- 韩国 Gmarket
- 印度 Flipkart
- 俄罗斯 Ulmart
- 德国 DaWanda
- 美国 Tanga
- 瑞典 Fyndiq
- 中东 Souq
- 东南亚 Lazada

5-1 如何按用户需求设计好产品？

创业团队

【问题聚焦】

从投资人的视角来看，投资人顾名思义就是专门投资“人”的人。特别是对于创意组或处于创业初期的创业项目而言，创业者及创业团队是否优秀甚至卓越就成了项目能否获得融资的关键因素。通常说：“团队第一、模式第二、项目第三”，这也说明现在已经不再是“单打独斗”式的英雄创业时代，而是“合作共赢”式的团队创业时代。作为大学生创业者或即将创业者，必须关注几个问题：（1）创业者是什么样的人？（2）如何全身心投入成为创业者？（3）如何组建创业团队？（4）如何实施股权激励？（5）如何建设团队文化与制度？（6）如何带领团队从优秀走向卓越？

成功的创业者一般具有如下几个特质

- 专注的精神。做一行就爱一行，专注于做事是创业者必备的第一个特质。创业是一件很辛苦的事，相对于工作来说，创业更加考验人的胆识和耐心，需要投入更多的时间和精力去做。只有长期保持对工作的专注，才能在所涉足的领域里闯出自己的一片天。

- 坚持的态度。不论做什么事情，创业者都应该有坚持的态度。那种三天打鱼两天晒网的人不管做什么事情都是做不好的。而那种抱着迅速暴富的心态去创业的人也是不会成功的，因为他们往往不能接受企业运转的坎坷，不能承受压力和挫折，从而不能坚持下去选择放弃。成功的创业者一旦决定了，就不管前途多么迷茫、未来充满不确定，也一定会和企业团队奋斗到底决不退缩。

- 行动至上论。有的人成天都在脑子里想着致富的美梦，一旦落实到行动上的时候就觉得事事都难做，责怪命运不公天妒英才，给别人说得天花乱坠实际上自己什么也没做。这种表里不一、华而不实的人也是不能成大事的，少说多做永远是创业者的第一指南。在内心萌发出一个想法后，一定要赶紧去落实实施，不怕困难，敢于面对问题和解决问题，只有这样才能检验自己的能力，才能把握成功的机会。

- 强大的心理。创业的道路不会是一帆风顺的，总会有暴风雨来临的时刻。作为一名成功的创业者必须具备强大的心理素质，临危不乱，冷静处理，用平常而又果断的态度寻找解决方案。而在面临重大抉择的时候，要能做到仔细而全面地分析，细致判断，同时用强大的魄力来完成企业的决策，强大和良好的心理素质是成功的创业者必备的条件。

- 独特的人格。作为创业者可能需要经常性地和客户、市场、企业打交道，所以作为企业的领导者要有独特的人格魅力，对接触的人和事都要做到尽在把握。通过仔细的分析做出有效的判断，拥有坚毅、打不倒的性格，这样才能帮助持续发力，在竞争中胜出。不管是带领团队还是与客户谈判，都能具备超强的感染力。

- 超强领导力。作为创业者，一个高效有力的团队是创业路上至关重要的一部分。而一个团队往往和创业者应该具有同样的目标，同样的梦想。这就需要创业者拥有足够强的领导力，使自己的团队每一个人都有一种凝聚力，愿意为同一个事业努力奋斗拼搏。创业者要做到因材适用，善于利用、发现、感染人才，使之成为自己的左膀右臂。

5-1 如何按用户需求设计好产品?

【案例分享】

创业者褚时健的精彩人生

九死南荒吾不恨，兹游奇绝冠平生。中国烟草大王褚时健2019年去世，享年91岁，他也是云南著名品牌"褚橙"的创始人。

这位当选十大改革风云人物的老先生虽然头衔令人艳羡，但他也并非一帆风顺，而是几经沉浮，在一手烂牌的情况下，走出了传奇的人生。褚时健虽然已离开人世，但这个故事并没有被遗忘。

1928年，褚时健出生在一个农民家庭，那时还处于动荡、积贫积弱的旧社会。《褚时健传》一书中提到，老人幼年丧父，便辍学务农，帮助母亲承担起养家糊口的重任，在酿酒发酵过程中展现出独立思考、高效工作的能力。1963年，褚时健接手濒临倒闭的小糖厂，他花了一个月时间，找出亏损的关键，改进工艺，降低原料成本，一年后，糖厂由亏损转为赢利。此后十六年，通过带领农民种植含糖量更高的甘蔗，改进操作流程，他把糖厂经营得有声有色，利润逐年增加。

在知天命的年纪，褚时健先生接手了比糖厂更难改造的玉溪卷烟厂，但他在原料控制、技术改造、管理模式调整等方面进行了改革。十七年来，他在中国烟草史上留下了浓墨重彩的一笔，带领一家本土烟厂走到亚洲第一、世界第五的位置，同时将触角延伸到金融业、运输业等行业，实现多元化发展。然而，正如老子所说，"福兮祸所伏"，他在成功的顶峰时跌入了深渊。1995年，褚时健被匿名指控贪污，后经检察机关查实，以贪污罪判处其无期徒刑，其妻侄也全部受审。他的女儿，在监狱里自杀，他的儿子逃到国外。他那儿女双全的幸福家庭，已经沦落到妻离子散、家破人亡的境地，68岁是他最脆弱的时期。值得注意的是，烟草是暴利行业，但褚老心系百姓，提高员工福利，善待从事种植业的农民，提高当地人民的生活质量，是带领农民共同富裕的典范。当纪委去调查取证，大家说他是个难得的好人，希望放他一马，媒体也有同情他的，都为失去一个好的管理者感到惋惜。妻子和女儿的问题是因为市场经济体制的缺失造成的：他的妻子为增加烟厂门口的绿化，用烟与某公司换了一些昂贵的盆景；而他的女儿涉嫌倒卖香烟。褚老的入狱与当时国企领导收入过低有关，反映了当时中国企业界价值评价和法律观念的模糊和矛盾，引发了财富阶层对自身处境的投射认知。社会对此也广泛关注和讨论，在一定程度上加速了国企改革。监狱方对他关怀备至，探望他的人络绎不绝，悄悄给他留了钱。他没有争辩或反抗自己所承受的，也没有打算与过去有过多的互动，公众的同情和他的刻意沉默，悲剧更加激烈。他因患有严重的糖尿病被保外就医，后被减刑，假释出狱。

2002年，改革取得了初步成效。当时的国企老总年收入以百万元、千万元计。74岁的褚时健老先生心里有些不平衡，不想晚年太凄凉，于是开始第二次创业种橙子。人们劝他安度晚年，少种些消遣可以。但倔强的他怎么也不愿意听，反而承包了一片900多亩的荒山种植柑橘，后来又扩大到2000多亩。

农业创业难度极大，橙子从种植初期到成熟结果要四、五年，不仅投资回报周期长，在气候、技术等不确定因素影响下风险也很大。

创业初期，他背着胰岛素瓶在哀牢山上考察果苗。此外，施肥、防病、灌溉、培训等过程带来的困难，远远大于当年亏损的糖厂和低效烟厂带来的困难。在果树尚未长成的前4年，他每年都需要向熟人借钱，以几乎为零的收入投入大量资金。

他和妻子只身前往荒山，更像是一次告别过去的自我放逐。当然，褚时健先生有自己的智慧，他夜以继日地钻研，将工业领域的做法运用到农业生产中。

传统农民的收入很大程度上取决于当年的天气情况，种植也主要是依靠过去的经验，褚老就是要搞起现代种植，经验数据化，推动农业向规模化、产业化、精准化发展。

此后的十几年间，偏僻孤寂的哀牢山成了很多创业者成群结队或独自前往的地方。

据万科董事长王石先生回忆，第一次登上哀牢山时，满眼黄土，路面多年未修，褚时健穿着旧衣服，正和人讨价还价20块钱，一代枭雄人物显得有些落魄，但后来谈起未来的场景，褚时健充满了激情。

（后见59页）

• 可视化翻转课堂图 •

5-1 如何按用户需求设计好产品？

翻转课堂情景任务

参见第55页翻转课堂情景图，团队按以下任务进行分工合作，在任务纸或大画纸上完成。

1. 七寸六分长的筷子代表了人的哪些“七情六欲”？人的感情需求、生理需求与产品的用户需求有什么关联性？

2. 什么是用户？用户有哪些类型？这些用户类型与产品与产品的开发有什么关联性？用户与顾客有什么区别？用户与顾客相重合的是哪种用户类型？面对这种类型的用户要特别注重什么？

3. 用户需求分析有哪几个层次？如何根据自有项目做用户需求分析？如何根据用户需求塑造产品价值？如何找到与产品匹配的核心用户群？

4. 与用户需求相关的产品要素有哪些？在与用户需求相关的产品要素中，如何区分年龄轻的用户和年龄长的用户？根据企业和项目团队的产品，多角度举例阐述：如何开发满足用户需求的产品？

5. 用户粘性好的产品主要表现在哪些方面？用户体验感好的产品有什么明显特征？什么是感官体验？线上产品的感官体验和线下产品的感官体验有哪些差别？交互式体验和情感体验有什么关联？线上的交互式体验和线下的交互式体验有哪些区别？

6. 绘制用户体验地图有哪些要素？以顾客购买水果情绪在时间轴中波动为例，给你所在企业或项目团队的产品绘制一个用户体验地图。

讨论记录区

创新创业课程资源库

案例 • 教案 • 音视频 • PPT课件 • 电子教材

策划方案 • 课程思政资料和图片 • 创业计划书

扫描二维码，学习二十大主要精神

5-1 如何按用户需求设计好产品?

（前接57页案例）

那种与人的暮年极不相符的自信和从困难中重新站起来的精神深深打动了王石，王石也成了褚老的粉丝。

2011年，褚时健正式刑满释放。2012年，84岁的他创立了冰糖橙品牌“褚橙”，逐步大规模进入北京市场，蛰伏多年后，他成为坐拥35万冰糖橙的亿万富翁。很少有人能在古稀之年有勇气重新开始，于是褚时健先生拉开了与这个时代那些优秀企业家的距离，成为商业史上不朽的传奇。

作为家中的长子，褚时健在烤酒种地的工作中，培养出了自己独特的能力。他在自传中提到，他精确计算了一壶水烧干、木柴烧尽的时间，大人们经常睡过头，他就定时醒来添柴加水，万无一失。发酵需要温度，师傅刚出要求，他会举一反三，把有余温的柴火放在发酵箱边上，每斤酒可以比别人省六分之一的玉米。他强调要记录时间等数据，在未来控制原材料、降低企业成本、突破技术壁垒等方面，褚时健的成功与他从小养成的钻研细节、独立思考的习惯密不可分。

有人评价他的性格是从不闲着，总是把事情做下去，做到极致。不管是在糖厂还是在烟厂，还是在种橙，他都追求极致。

目前大部分产品都是流水线生产，人们对美好事物的向往推动了商业的不断发展。好的产品需要以一丝不苟、精雕细琢、精益求精的工作态度，将工匠精神发挥到极致，这样才能在竞争中立于不败之地。追根溯源，回归本质，把事情做到极致，名利和金钱才会是随之而来的附庸。

在糖厂工作时，他用甘蔗换公路、用酒换来了原料，这让他意识到，要把事情办成，必须保持利益相关者的平衡，简而言之，要实现可持续发展，必须让每个人都受益。

做生意时不要太贪心，适当让利，才能双赢，共同获得更多的利益。提高福利、互惠互利成为褚时健后来决策时的重要理念，很多人在他穷困潦倒时自发帮助他。

除了发现问题、带领团队，优秀的企业家还要心系他人，活出一颗通达世界的心灵。

褚时健的一生跌宕起伏，他在低谷中蜕变，在挫折中涅槃，百转千回，离开了半生，归来依然年轻。他在充满人情世故之后依然站在人生的顶端，不计得失却始终眺望远方，以宽广的胸怀和视野书写着自己的励志人生。

人们总是希望事事顺利，但对于大多数人来说，生活中不可能事事顺利。正如孟子所言，天若欲降大任，必先苦其心志，劳其筋骨，可有的人却选择了放弃，自甘堕落；有些人选择耐心，他们用时间改善了很多人不能改善的地方。

即使行至晚年，也不必有廉颇老矣的悲壮，却有老聊发少年狂的昂扬。古今中外，苏东坡、曼德拉、宋庆后等名人，无一不在道阻且长中，卧薪尝胆，以“一场烟雨如人生”的淡泊与从容，在山中多立足，心存坚强与希望，让世界为之喝彩。

沉舟侧畔千帆过，病树前头万木春。比运气更重要的，是拥有在逆境中站起来继续前行的勇气。

［案例来源：https://baijiahao.baidu.com/s?id=1671089317535714397&wfr=spider&for=pc］

案例思考

1. 褚时健的精彩创业人生对你有什么启发？他在选择产品上有哪些值得我们学习和借鉴的?

2. 从褚时健老先生的身上，有哪些值得年轻创业者学习的创业品质与精神?

3. 对照褚时健老先生，思考自己作为创业者在产品开发方面的努力方向。

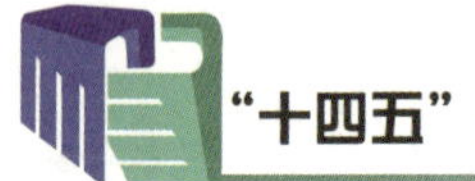

经全国职业教育教材审定委员会审定

创新创业课程资源库

案例 • 教案 • 音视频 • PPT课件 • 电子教材
策划方案 • 课程思政资料和图片 • 创业计划书

扫描二维码，学习二十大主要精神

创新创业10步法

创新创业第五步：如何设计好产品?

5-2 如何才能更好地帮到客户?

创新创业10步法 第二阶段 创新创业第五步：如何设计好产品？

• 可视化翻转课堂图 •

5-2 如何才能更好地帮到客户？

A 什么是客户？

A1 客户就是和你有买卖关系的人或机构。

A2 客户就是通过购买的你提供产品或服务满足其某种需求的群体或个体。

A3 客户就是用钱和其他有价货物换取和接受财产、服务、产品或某种创意的自然人或组织。

A4 客户就是跟个人或企业有直接的经济关系的个人或企业。

B 客户、用户、顾客与消费者概念辨析

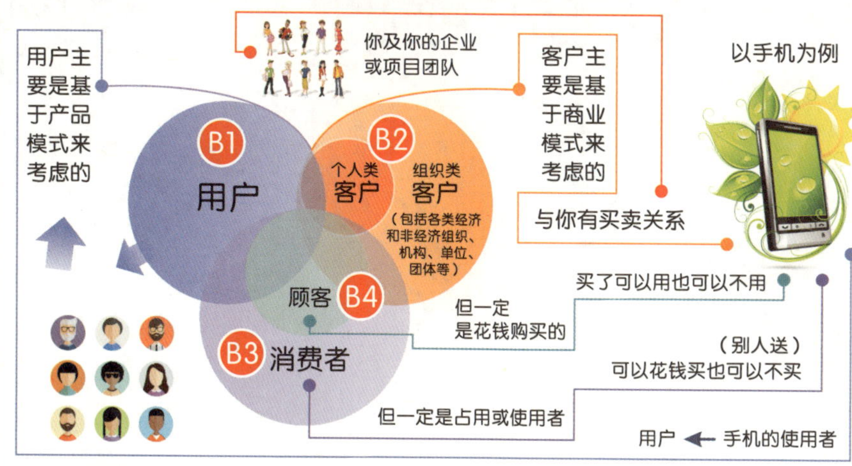

C 以客户为导向的商业运营观念探讨

C1 商业的本质是：在为客户创造价值的同时能够赢利。

C2 在企业和团队所有的资源当中，客户是我们能越用越多的资源。

C3 企业和团队如果没有客户，再多的资产也会逐渐干涸。

C4 客户是衣食父母，客户是用来感动的，不是用来搞定的。

C5 商业竞争就是比谁更了解客户，与客户越近，就能甩对手越远。

D 产品需求与客户分类

E 产品问题导致的客户流失

E1 如果你的产品不是唯一的、重要的、不可替代的，客户随时都有可能“移情别恋”，你的竞争对手随时都有可能抢你的客户。

E2 产品质量不稳定，导致客户利益受损。服务也是一种产品，如电话呼叫中心，客户打不进电话，或者打进了总是掉线、占线，信息员服务不周到等，都属于产品质量上的问题。客户会因为这些原因而转向，选择其他的同类服务商。

E3 产品缺乏创新，加剧客户“移情别恋”。任何产品都有自己的生命周期，随着市场的成熟及产品价格透明度的增高，产品带给客户的利益空间减少。

E4 产品市场波动也会导致客户流失，产品的波动期往往是客户流失的高频段位。核心团队和企业高层出现矛盾，也常出现客户流失。当产品运营资金链紧张时会让市场出现风险，导致客户采取“规避风险”的另寻合作方行为。

F 以客户为中心的商业模式构建

5-2 如何才能更好地帮到客户?

打造高效的初创团队

【问题聚焦】

现代创业活动更多表现为团队合作的形式，因为没有个人能够独自拥有创立并运营企业所需的全部技能、经验、关系和声誉。如果想创业成功，就必须组成一个核心团队。团队成员对创业来说发挥着不同的作用：他们或是合伙人，或是重要员工。他们不可或缺，有了他们，可以解决创业过程中可能出现的一些问题。许多世界著名的企业之所以成功，经验之一就是拥有一支优秀的团队，团队管理已经成为新世纪管理领域的重要组成部分。那么，究竟什么是团队？成功的创业团队有哪些特征？创业团队内部有哪些角色？如何组建创业团队呢？这些问题都是创业者必须解决的，毕竟人才是成事的根本。

高效创业团队需具备的几个特征

一个好的创业团队对于新创企业的成功起着举足轻重的作用，在新型风险企业的发展、潜力发挥及企业团队管理之间有着十分密切的联系。优秀的创业团队可以创造出重要价值并选择有收益的公司。据科学统计，有近23%的失败创业公司缺少能够指挥大局的人物，没有将团队建设领导好；多数风投表示，投资之前首先考虑的是团队，其次才是创意。当然，并不是说没有团队的创业企业一定失败，但可以说要建立一个没有团队而仍然具有高成长潜力的企业极其困难，一个创业团队一般具有如下几个典型的特征。

- 清晰的目标。高效的团队对其要达到的目标有着清楚的了解，并坚信这一目标包含着重大的意义和价值，而且这种目标的重要性还激励着团队成员把个人目标升华到团队目标中去。

- 互补的技能。高效的团队是由一群有能力的人组成的，他们具备实现理想目标所必需的技术和能力，同时具备团队成员之间有良好合作的个性品质，从而能够出色完成任务。

- 良好的沟通。团队之间通过畅通的渠道交换信息，互相之间能迅速、准确地了解一致的想法和情感；管理层与团队成员之间通过健康的信息反馈，也有助于管理者指导团队成员行动，消除误解。

- 一致的承诺。对成功团队的研究发现，团队成员对他们的群体具有情感，他们把自己属于该群体的身份看作是自我的一个重要方面。因此，承诺一致的特征表现为对团队目标的奉献精神，愿意为实现这个目标而调动和发挥自己最大的潜能。

- 恰当的领导。优秀的领导者不一定非得指示和控制，高绩效团队领导者往往担任的是教练和后盾的角色，他们对团队提供指导和支持，但并不试图去控制团队，他们鼓舞团队成员的自信心，帮助他们更充分地了解自己的潜能。

- 互相的信任。团队成员之间相互作用、直接接触，彼此相互影响，成为一种默契、关心和相互信任。无论何时，无论需要怎样的支持，成员之间都互相给予协助，而且他们也总是能彼此协作，共同完成团队的目标。

根据实际情况填写创业团队5P分析表

目标	人	定位	权限	计划

5-2 如何才能更好地帮到客户？

【案例分享】

一个创业团队的“纷、分、合、和”

富云鹏是一名自主创业的大学生，他选择了合伙创业的方式，在创业路上探索的过程中组建了四人组合，团队四人一共筹到了40余万元，作为项目的启动资金开始创业。但是在创业初期，四人在经营策略上各执一词，产生了严重的分歧。面对分歧，是分道扬镳，还是合力发展？富云鹏解决这个问题的做法可以给许多创业者一些启示。

组建团队，共同创业

2008年，刚从南方某大学毕业的富云鹏来到了美丽的滨城——大连。年轻人总是想做出一番事业，而独自创业形单力薄，所以合伙是最理想的形式。于是，富云鹏踏上了寻找创业伙伴之路。在朋友的互相引荐之下，他结识了朋友介绍的创业伙伴马毓梁，一拍即合的创业梦想让两个年轻人惺惺相惜。在富云鹏眼里，马毓梁不仅聪明，为人也厚道踏实，又是工商管理专业毕业，对大连的地理和市场情况比较熟悉，是合作的较佳人选。

在接下来的几个月里，富云鹏和马毓梁考察了大连各地区的商业环境，商讨创业机会。在研究了诸多项目后，他们决定从餐饮行业做起，一方面门槛较低，不需要太强的专业知识，另一方面客户群体广泛，只要人有吃饭的需求，就会购买他们的产品及服务。他们想过做羊汤、加盟开连锁店，经再三考虑，他们还是决定创一个自己的品牌，开一家火锅店。

为了实现理想，富云鹏和马毓梁两人曾去其他饭店当过服务员。富云鹏回忆说：“餐饮行业看似简单，但店里大小巨细全都管理起来，还是蛮考验人的。”几个月的辛苦和学习，换来的是踏实的实践基础。但决定开火锅店后新的问题又出来了，城市里大大小小的火锅店不下百家，如果没有特色，火锅店很容易被淹没在大众店面之中。焦急的马毓梁向在外地的高中同学，也是他最好的朋友吴南璐倾诉了创业难处，并希望他能回来帮助自己。

听了马毓梁的创业思路，吴南璐决定辞掉工作，回到大连和朋友共同创业。吴南璐说：“虽说手上的工作能养活自己，但我想给自己一个机会，通过创业来实现自己的梦想。”俗话说，三个臭皮匠，顶个诸葛亮。就这样富云鹏、马毓梁、吴南璐三个人凑到了一起。吴南璐不仅回来了，而且带回了一种新思路。据吴南璐介绍，广州人喜欢煲汤，其中有种锅叫骨钙锅，汤不仅好喝，而且营养丰富。听了吴南璐的介绍，三个人决定他们的火锅店就做骨钙锅，并据此给火锅店取名叫“骨之源”。在广州一家调味料厂工作半年多的吴南璐还为这个锅添加了新配料，使得他们的骨钙锅更加附合东北人的口味。

正在此时，三人的创业梦想引起了一个朋友——会计专业毕业的王文海的注意，王文海放弃了出国留学的理想，成了团队中新的合作伙伴。为了更加了解餐饮业的财务管理，王文海更是亲自拜访了几位同行前辈。他的专业知识让团队的账务一目了然，富云鹏感慨万分地说：“想起王文海没来的那段日子，还真记不清钱都花在哪里了！”

人有了，钱从哪来？四个人又陷入了困境，毕竟都是刚刚毕业的学生，手里没多少钱。团队首先想到了贷款，但没有抵押物，贷款就是空谈。再次坚定了创业决心后，兄弟四人从各自家里借款，一共筹到了40万元，作为项目的启动资金，四人以资金入股各占25%的股权。经过反复的思考，他们决定避开行业竞争激烈的大连市区，选择在旅顺大学城的大连医科大学和大连外国语学院两所高校之间，开第一家骨之源火锅店。

2009年3月21日，骨之源火锅终于正式开业了。创业伊始，四个合作伙伴并没有明确的分工，因业务流程不熟练，四个人经常手忙脚乱。开业第一天的情景让他们至今难忘，由于各个环节衔接不上，刚开业两个小时就不得不拦住客人不让其进店，因为仅仅店里的几桌顾客已经让他们乱作一团了。比如，前面下了单子，后厨准备不出来，因为缺配料，得等专人去买，而这个人刚刚出去买其他东西去了。就这样一个小程序出现问题，整体就全乱了。

晚上四人相对而坐，互相埋怨起来，但创业的激情马上使他们认识到，埋怨解决不了问题。他们认为问题

（后接64页）

5-2 如何才能更好地帮到客户？

翻转课堂情景任务

参见第61页翻转课堂情景图，团队按以下任务进行分工合作，在任务纸或大画纸上完成。

1. 请列举你所在的企业和项目团队已开发的客户和待开发的潜在客户，并给予简要评价。你所在企业和项目团队的客户是以个人用户为主还是以组织客户为主？产品是通过什么渠道接触和获取客户的？

2. 分别举例阐述对本商业运营观念的理解：（1）“商业的本质是：在为客户创造价值的同时能够赢利。”（2）“在企业和团队所有的资源当中，客户是我们能越用越多的资源。”（3）企业和团队如果没有客户，再多的资产也会逐渐干涸。”“客户是衣食父母，客户是用来感动的，不是用来搞定的。”“商业竞争就是比谁更了解客户，与客户越近就能甩对手越远。”

3. 结合你所在企业和项目团队产品开发情况，多角度举例阐述：在产品开发过程中，如何实现能让客户产生实际购买行为的相关指标？

4. 结合你所在企业和项目团队客户开发情况，举例阐述：为什么要将客户分成A、B、C三类？这三类客户数量比例和业绩贡献比例如何？对这三类客户，你该如何分配资源和投入精力？产品哪些问题会导致客户流失？

5. 举例阐述：“如果你的产品不是唯一的、重要的、不可替代的，客户随时都有可能‘移情别恋’，你的竞争对手随时都有可能抢你的客户。”你对这句话如何理解？

6. 举例阐述：以客户为中心的“六运神剑”是如何施展的？为什么以客户为中心的商业模式构建要从产品（项目）“定位”切入，从“企业价值”输出，最后与客户利益融合一体？

（前接63页案例）

主要出现在，遇到事情他们总是等来等去的，浪费时间，效率低下。经过讨论达成共识，以后遇到事情尽可能自行解决，四个人都可以独立去采购、下账、收银和服务。这样表面看效率是提高了，但是也为日后的管理埋下了隐患。不过通过调整，四个年轻人的火锅店人气一点点高了起来。

特别值得一提的是，2009年5月，骨之源火锅店项目获得了YBC大连办青年创业计划5万元的无息贷款扶持，并且YBC将大连餐饮业知名企业家张洪坤董事长配备给四个年轻人作为其“一对一”创业辅导老师。经过学习，又受到YBC的鼓励，四个年轻人的创业动力更强了。

意见纷呈，矛盾不断

由于选址大学城附近，几乎所有的顾客都是学生群体，随着一年一度的暑假来临，对于在假期是继续营业还是闭店歇业这一问题，大家的意见产生了严重的分歧：富云鹏和王文海认为主要客户群体是学生，应该选择歇业避过这段亏损期；而马毓梁和吴南璐觉得应该照常营业，增加海鲜涮品吸引夏季来大连旅游的游客以维持经营。

因四人都是思想活跃的年轻人，每个人都充满了自信，两种意见僵持了许久，并未达成共识，火锅店也就随之无序地在假期继续经营，既没有关门歇业，也没有推出海鲜涮品。结果，毫无经验的四个年轻人，眼睁睁地看着店面亏损了两个月。

在这期间，四人也曾坐下来研究过对策，但是由于创业之初未明确各自权益，缺乏合理的决策机制，四人股权又对等，一旦形成对立，意见很难统一。就这样大家心中的隔膜悄然而生，相互都觉着对方不顺眼，但还都忍耐着，业绩自然越来越糟。几个人本是很好的朋友，难道真的要像俗话说的一样，和朋友做生意，赚不到钱，还会伤了感情？

合作分工，生意兴隆

虽然大家难以相互说服对方，但可以找个可靠的人说说心里话。YBC导师张洪坤了解了几位年轻人的情况后，作为餐饮界的前辈，更作为导师，张洪坤把

5-2 如何才能更好地帮到客户？

他们聚到一起，语重心长地讲了起来："创业本就是一个从想法走向现实的过程，每个人的想法都不同，当然会有所分歧。团队能走多远，就要看大家的价值观是否统一。拿做生意来说，想要做成企业与想要捞钱便是两个方向。只要大家的初衷是好的，是为了创业而共同奋斗，这是抓住合伙的大方向。而工作中的一些细节与方法则因人而异，不必太过计较。有了友谊的基础，便有相互的信任，而信任还远远不够。合伙创业，还要有宽容伙伴的胸襟与成全伙伴的决心。"

张洪坤老师的一番话让这四个创业青年铭记于心。他们从中感悟到，合伙创业首先要有统一的价值观，而且永远都要信任伙伴，更重要的是要敢于成全伙伴。创业之初，大家只对创业成功充满了憧憬，却缺乏对行动步骤的细化；重点研究了销售层面的创新，却忽略了对店面管理的深层研究。他们意识到，他们创业的价值观肯定是统一的，欠缺的是科学的决策机制和合理的责任分工，还有未来的退出机制。只有这样，大家才能密不可分，相互协作，互相依赖，自然也就相互信任与团结了。

为了使决策更科学，他们共同修改了公司章程，规定重大问题开会商讨，经营问题吸纳企业高层管理者（店长）参加，决策会议人数保持奇数，根据少数服从多数的原则对决策进行表决。目前他们的决策层由四个股东加上三个店长构成，这样的7人奇数组织，大大降低了决策的分歧，而且当决策意见被通过时，持反面意见的股东也本着成全伙伴的合作精神积极支持决策实施。

在分工方面，四人结合各自的专业、爱好与特长进行了科学的分工。富云鹏性格外向，口才好，行使骨之源火锅店总经理职责，主抓企业营销与外联工作。吴南璐精通管理，主抓店面管理和员工招聘与培训。王文海财务科班出身，负责企业财务及记账工作。马毓梁勤奋敬业，主要负责采购。四个人将各自的职责形成了书面化文字，并签字通过。

2010年，四个年轻人有了明确的分工，由从前的一盘散沙变成了有效率的经营系统，每个人在各自负责的领域都能放开手去做。富云鹏在高校分享了团队的创业经历，生动且真实的故事鼓舞着学弟学妹们，在大学生群体里产生了积极的反响。吴南璐勤于管理，闲下来时便学习相关知识，研究骨之源的标准化管理，并向伙伴推荐好的书籍。王文海用几款财务软件改进了骨之源的记账方式，精确的财务数据为多店经营打下了基础。马毓梁每天天不亮就跑到菜市场采购，为饭店的菜品质量与成本控制提供了坚实的保障。

团队和谐，奔向未来

在接下来的日子，四个年轻人亲如兄弟，共同学习，风雨同舟，拥有了三家直营骨之源火锅店，每家店年营业额均在200万元以上。骨之源火锅已聘用三位高层餐饮管理人员，解决了50多人的就业问题。或许，大学生出身的创业团队对学生有着特殊的关怀，两年后，他们已经为上百位在校大学生提供了勤工俭学的机会，辛勤的汗水伴随着学弟学妹们的成长。在四个创业青年眼里，大学生不只是简单的顾客，而是如朋友一样亲切。

"如果给我们更大的舞台，我们还能发挥更大的能量。"谈到以后的梦想，四个人不约而同地表示，要把骨之源火锅店做成全国连锁品牌。

［案例来源：https://max.book118.com/html/2015/0904/24649250.shtm］

案例思考

1.案例中，骨之源的创业团队为什么会产生分歧？将来还有可能会产生哪些分歧?

2.选择合作伙伴，应注重合作伙伴的哪些素质？如何为客户创造价值?

经全国职业教育教材审定委员会审定

创新创业课程资源库

案例 ● 教案 ● 音视频 ● PPT课件 ● 电子教材

策划方案 ● 课程思政资料和图片 ● 创业计划书

扫描二维码，学习二十大主要精神

创新创业

10步法

创新创业第六步：如何设计营销渠道?

6-1 网络营销渠道与营销推广

创新创业10步法 第二阶段 创新创业第六步：如何设计营销渠道?

• 可视化翻转课堂图 •

6-1 网络营销渠道与营销推广

A 网络营销与其优势

A1 网络营销是网络经济时代诞生的一种新的营销理念和营销模式

网络营销方式

A2 网络营销优势：覆盖面广、操作简单、互动性强、低成本、针对性强、信息量大

借助：
- 互联网络
- 电脑通信技术
- 数字交互式媒体

……

实现 营销目标

A3

数据来自《电子商务报告》，2018，中国国际电子商务中心

从市场规模看，中国是全球规模最大、最具活力的电子商务市场；英国是欧洲最大的电子商务市场，互联网普及率达93%，电子商务销售额占GDP比例达7.16%；拉丁美洲的电子商务新兴市场也广受欢迎。

在移动电子商务方面，全球有约16.6亿消费者使用移动端进行网购，使用移动端进行支付的消费者占比达12%，其中，中国使用移动端进行网购的消费者占到88%，全球排名第一。

数据来自《电子商务报告》，2018，中国国际电子商务中心

B 网络营销渠道

B1 网络营销渠道是利用互联网提供可利用的产品和服务，使用计算机、移动终端设备或其他能够使用技术手段确定目标人群和目标市场，通过电子手段进行和完成交易活动。

B2 B2B 网络营销渠道

B2B即企业对企业的模式，这种模式每次交易量很大、交易次数较少，购买方比较集中，因此网上销售渠道的建设关键是建设好订货系统，方便购买企业进行选择；由于企业一般信用较好，通过网上结算实现付款比较简单；另一方面，由于量大次数少，因此配送时可以进行专门运送，既可以保证速度也可以保证质量，减少中间环节造成的损伤。国内B2B电子商务平台有阿里巴巴、中国制造网、中国供应网、慧聪网、中国网库等。

B2C 网络营销渠道

B2C渠道主要通过各种网络营销手段，先将用户从四面八方引到自建官方网站或B2C平台，再对订单进行统一处理和发货。国内B2C渠道主要有天猫、京东、唯品会、苏宁易购、国美在线、当当、亚马逊中国、1号店、聚美优品、拼多多等。

B3

B4 C2C 网络营销渠道

C2C渠道主要指淘宝网。淘宝网是亚太地区大型网络零售商圈，阿里巴巴集团在2003年5月开始创建。淘宝网现在已由当初单一的C2C网络集市变成了包括C2C、分销、拍卖、直供、众筹、订制等多种电子商务模式在内的综合性零售商业圈。

B5 移动电商 网络营销渠道

移动端已成为消费者网购的普遍途径。国内移动电商主要分综合电商、跨境电商、食品行业、商超行业、服装行业、美妆行业、家居行业、生鲜行业、母婴行业、家电行业、珠宝行业、汽车行业、酒水行业、医药行业、导购/社交电商、微商等16类。

B6 跨境电商 网络营销渠道

跨境电商分为出口跨境电商和进口跨境电商两个渠道：出口跨境电商包括阿里巴巴、环球资源网等B2B平台，进口电商包括天猫国际、京东全球购、洋码头、网易考拉、小红书、蜜芽等平台。

B7 社交电商 网络营销渠道

我国社交网络主要分为综合社交、兴趣社交、同性交友、婚恋交友、母婴社区、校园社交、图片社交、陌生人社交、商务社交等类型，其中，综合社交为目前社交网络营销的主要渠道。

B8 农村电商 网络营销渠道

农村电商分为综合平台电商（阿里巴巴、京东等），农资电商（家商1号、田田圈等），农产品电商（买菜网、优菜网等），鲜花电商（roseonly等），生鲜电商（小农女、顺丰优选等），网络品牌商（三只松鼠、百草味、新农哥等）多种类别。国内电商巨头如京东、阿里巴巴、苏宁等纷纷投入巨资进军农村市场。

B9 微商 网络营销渠道

微商不是朋友圈九宫格刷屏，而是通过微信、微博等社交平台进行社会化分销的商业模式。微商的特点在于利用微信等社交网络，基于熟人关系建立消费信任，从而降低营销成本。微商是社交电商渠道之一。微商有二种主要模式：一种是企业基于微信公众号开设微商城的B2C模式；另一种是个人基于朋友圈开店的C2C模式。

C 网络营销新媒体推广传播

C1 聚合导航类新媒体推广

门户网站推广	在新浪、凤凰、搜狐等门户网站发布企业软文、投放广告或进行栏目冠名合作。
搜索引擎推广	在百度、谷歌、360等搜索引擎网站进行登录、投放竞价排名等广告，或按各大搜索引擎网站规则进行本身网站优化。
分类信息推广	在58同城、大众点评等网站上发布企业信息或者投放广告。
导航网站推广	在hao123、360导航等网址站进行链接，或者购买外链。

C2 社会网络类新媒体推广

即时通信（IM）推广	IM（Instant Message）是指能够即时发送和接收互联网消息等的业务，如企业建立QQ粉丝群进行客户关系营销、企业在QQ平台上投放广告或进行商业活动等。
SNS推广	SNS（Social Networking Service）即社会性网络服务，SNS推广是指在人人网、开心网等社交网站上举办活动、发布信息、投放广告等。

C3 社区交流类新媒体推广

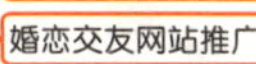

微博推广	微博推广指在微博平台开通企业官方微博吸引粉丝，在微博广告平台投放粉丝通或粉丝头条广告。
微信推广	微信推广指微信开通微信公众号与吸引粉丝与粉丝互动，或在微信投放朋友圈广告或公众号广告。
职场社交	脉脉、赤兔。
婚恋交友网站推广	婚庆用品或相关企业，可以在真爱网、世纪佳缘网等婚恋交友网站举办活动，投放广告进行推广。

C4 内容发布类新媒体推广

网络文学推广	起点中文网、红袖添香、新浪读书。
电子邮件、电子杂志、数字出版推广	
新闻客户端推广	今日头条、澎湃。

C5 视听娱乐类新媒体推广

网络视频推广	拍摄视频上传优酷土豆、腾讯视频、秒拍、美拍等网站进行宣传，或投放贴片广告。
网络电视推广	拍摄企业视频、在PPTV聚力、芒果TV等平台播放，或者在这些网站投放贴片广告。
网络广播推广	在58同城、大众点评等网站上发布企业信息或者投放广告。

网络动画、网络游戏、网络音乐/音频、手机电视推广

C6 合作创作类新媒体推广

维客类推广	维客英文名为WiKi（也译为维基），是一种在网络上开放，可供多人协同创作的超文本系统。维客推广就是将企业品牌名、产品等信息，在百度百科、互动百科等网站，以创建词条的形式做系统介绍。
威客平台推广	威客是指那些通过互联网将个人的智慧、知识、能力、经验进行展示的人。威客将产品、促销活动等信息在猪八戒、创意平台、百度知道、知乎、爱问等问答平台，从消费者的角度以问答形式进行介绍。

D 网络营销推广三大连环运营图

6-1 网络营销渠道与营销推广

发现身边的创业机会

【问题聚焦】

创业者或创业团队必须具备善于学习、从容应对逆境的品质，具有高超的创造、领导和沟通能力，但更重要的是具有柔性和韧性，能够适应市场环境的变化。

成功的创业活动必须对机会、创业团队和资源三者进行最适当的匹配，并且还要随着事业的发展而不断进行动态平衡。创业过程由机会启动，在创业团队建立以后，就应该设法获得为创业所必需的资源，这样才能顺利实施创业计划。

商业机会是创业过程的核心要素，创业的核心是发现和开发机会，并利用机会实施创业。因此，识别与评估市场机会是创业过程的起点，也是创业过程中的一个关键阶段。资源是创业过程不可或缺的支撑要素，为了合理利用和控制资源，创业者往往要制定设计精巧、用资谨慎的创业战略，这种战略对创业具有极其重要的意义。而创业团队则是实现创业这个目标的关键组织要素。

在创业过程中，由于机会模糊、市场不确定、资本市场风险以及外部环境变化等因素经常影响创业活动，致使创业过程充满了风险，因此，创业者必须依靠自己的领导、创造和沟通能力来发现和解决问题，掌握关键要素，及时调整机会、资源、团队三者的组合搭配，以保证新创企业顺利发展。

1.创业机会的大致来源

（1）源于市场环境变化的创业机会。环境变化了，市场需求、市场结构必然发生变化。著名管理大师彼得·德鲁克将创业者定义为那些能“寻找变化，并积极反应，把它当作机会充分利用起来的人”。怎么寻找创业机会？这种变化主要来自产业结构的变动、消费结构升级、城市化加速、人口思想观念的变化、政府政策的变化、人口结构的变化、居民收入水平提高、全球化趋势等诸方面。

（2）源于未被解决的用户问题的创业机会。而顾客需求在没有得到满足前就是问题。怎么寻找创业机会？寻找创业机会的一个重要途径是善于去发现和体会自己和他人在需求方面的问题或生活中的难处。

（3）源于市场竞争的创业机会。如果你能弥补竞争对手的缺陷和不足，这也将成为你的创业机会。看看你周围的公司，你能比他们更快、更可靠、更便宜地提供产品或服务吗？你能做得更好吗？若能，你也许就找到了机会。

（4）新知识、新技术带来的创业机会。例如随着健康知识的普及和技术的进步，围绕“吸烟有害健康”就带来了许多创业机会。

（5）由创造发明提供的新产品、新服务带来的创业机会。比如随着电脑的诞生，电脑维修、软件开发、电脑操作的培训、图文制作、信息服务、网上开店等创业机会随之而来，即使你不发明新的东西，你也能成为销售和推广新产品的人，从而给你带来商机。

3.如何发现身边的创业机会

- 基于自身的专业
- 基于自身资源产生创意
- 基于爱好与兴趣挖掘机会
- 基于周围人们的不满、吐槽、抱怨、咒骂、吵架、无奈与无助。
- 基于市场需求
- 基于家族产业的诊断
- 基于科研与技术成果
- 基于初心和使命

6-1 网络营销渠道与营销推广

【案例分享】

发现你身边的创业机会

为什么有的同学能找到适合自己的创业项目，在校学生如何识别身边的创业机会？通过梳理来自高校的创业成功案例，并与高校创业者进行交流，本书也总结出一些成功经验。

直面问题寻找方案

在讲述自己的创业动机时，武汉智码开门电子科技有限责任公司创始人李自力是这样说的——“读博期间，我有许多实验要做，同时我也是一名网购爱好者，于是我经常会碰到这样的情况：快递送货员在我做实验时送货了，我的思路也被打断了。那时我就想，要是有一种设备能自助取快递就好了，这样既不会干扰收件人的工作、生活，又能提高快递员的工作效率。我选定便民智能快递终端项目（快递柜）开始我的创业之路。”有些人可能会因快递员打扰了自己的工作而生气，但李自力在这件小事中发现了商机，创办了智能快递柜研发、销售、服务公司。这个案例告诉我们，在生活中遇到难题时，不能让情绪“占了上风”，而要多思考问题背后的原因，并试着寻找解决方案，把这个方案应用到市场上，可能就是一个创业机会。

敏感把握市场需求

短短五年内，将公司营业收入从5万元做到8 000万元，武汉励合化学新材料有限公司创始人彭凡的创业经历，在青年创业者中声名远扬。求学期间，他在一次实验中发现，有一种手性材料（化学材料）在市场上很难买到，便萌发了自己合成这种材料的想法。实验成功后，他又试着将这种材料放到网上销售，结果十分热销。于是在有技术、有市场的情况下，彭凡开始了自己的创业之路。他的成功经验告诉我们，创业一定要瞄准市场空白，然后精准“出击”。当然，对于市场需求的把握不能仅凭创业者的主观判断，创业者还需与相关从业人员、专家等进行交流，展开细致的市场调研。许多青年创业者最后创业失败，追究原因，就是市场调研做得不深入、不系统。因此在创业过程中，创业者不能想一出是一出，而要把握客观存在的市场需求，再踏出创业的下一步。

围绕兴趣不断实践

在笔者调研的成功创业者中，90%以上的创业者都是源于兴趣而创业的，兴趣就是他们的创业机会。而纵观中国、放眼全球，绝大多数成功创业者的原动力也是兴趣。事实上，一个人的兴趣在其创业活动开始前，已经在发挥作用了，比如，年轻人一般会选择他感兴趣的行业去了解、去实习，这就是在为创业活动积累行业经验。上海潮种信息科技有限公司负责人王若静从小喜欢时尚，所以进大学后，她就发起成立街拍组织，后来逐渐发展成为覆盖全国百所高校的街拍联盟。另外，创业者需要具备的特质包括勇敢、自信、坚韧等，而从事自己感兴趣的事业就能不断加强这些特质。因此，年轻人可以多尝试和兴趣有关的实践活动、创业活动，积累更多的行业经验和创业经验，最终实现成功创业。

［案例来源：许武荣晖，刘喆. 发现你身边的创业机会[J]. 成才与就业，2018（11）.］

案例思考

1.案例中，思考大学生应该怎样去发现身边的创业机会？

2.根据自己的专业或兴趣，在营销渠道中找出一个创业机会，并阐述理由。

6-1 网络营销渠道与营销推广

参见第67页翻转课堂情景图，团队按以下任务进行分工合作，在任务纸或大画纸上完成。

1. 你所了解的网络营销是怎样的？网络营销和市场营销有什么异同？在网络营销具备的相关优势中，你认为与你所在企业和团队项目高度相关的有哪几个？

2. 目前，中国和全球电子商务发展和移动互联网电子商务发展状况如何？你所在的企业和项目团队可以把握的商机有哪些？

3. B2B网络营销渠道有哪些？B2B 网络营销渠道有什么特点？B2C网络营销渠道有哪些？B2C 网络营销渠道有什么特点？C2C网络营销渠道有哪些？C2C 网络营销渠道有什么特点？

4. 跨境电商网络营销渠道有哪些？跨境电商网络营销渠道有什么特点？社交电商网络营销渠道有哪些？社交电商网络营销渠道有什么特点？农村电商网络营销渠道有哪些？农村电商网络营销渠道有什么特点？微商网络营销渠道有哪些？微商网络营销渠道有什么特点？

5. 聚合导航类新媒体推广有哪些传播渠道？社区网络类新媒体推广有哪些传播渠道？社区交流类新媒体推广有哪些传播渠道？内容发布类新媒体推广有哪些传播渠道？视听娱乐类新媒体推广有哪些传播渠道？合作创作类新媒体推广有哪些传播渠道？

6. 网络运营推广三大连环包括哪些主要内容？网络运营推广三大连环是如何运营的？结合你所在企业和项目团队实际情况，谈谈在网络营销方面的得与失。

评估创业机会的商业价值

1.适合于大学生的创业机会

对于大学生来说，创业机会应该是创意加行动，适合于大学生利用的创业机会具有如下几个典型特征：

- 商机。必须是一个普通的商业机会。
- 创意。必须通过创新来解决问题。
- 轻资产。创业实践必须在可承受的范围内，不能投入过大。
- 小团队。人力成本不断提高，成为创业的瓶颈。

2.创业机会评估三要素

- 需求可行性：用户是否有着高频刚需。
- 技术可行性：技术层面能否实现落地。
- 商业可行性：商业层面是否闭环持续。

3.评估创业机会五大步骤

- 能力：机会是否与团队知识、能力、经历匹配。
- 新颖性：产品或服务是否具备创新性、独占性与差异性。
- 资源：初创团队是否能整合到相应的人财物。
- 回报：能否回本并获利，风险和收益是否对等。
- 承诺：创业团队是否致力把握和开发这一机会。

4.蒂蒙斯创业机会评估框架

- 蒂蒙斯的创业机会评价框架，涉及行业和市场、经济因素、收获条件、竞争优势、管理团队、致命缺陷问题、个人标准、理想与现实的战略差异等八个方面的53项指标。通过定性或量化的方式，创业者可以利用这个体系模型对行业和市场问题、竞争优势、财务指标、管理团队和致命缺陷等做出判断，去评价一个创业项目或创业企业的投资价值和机会。

6-1 网络营销渠道与营销推广

【案例分享】

荔枝微课的商业价值

荔枝微课，一个华南理工大学毕业生的创业项目，2016年6月产品正式上线，9个月内就获得近亿元融资，是一家国内大众知识分享平台，获得第三届互联网+大赛金奖。我们在手机上可以通过荔枝微课分享你的精彩或者学习一些知识。荔枝微课自2016年上线，至今已拥有超过3000万的用户，用户覆盖201个国家地区，拥有117万个课程，听课人次1亿有余，注册讲师100万人，吸引了包括杨澜、车晓、陈春花等在内的众多明星讲师在线分享知识，成为国内使用人数最多的知识分享平台。荔枝微课在上线半年时间就获得了素有“捕兽者”之称的朱啸虎先生1000万人民币的投资，后又收获高榕资本的A轮投资1000万美元。那么荔枝微课是如何做到被投资人所看好的呢？我们将通过以下几个方面来分析。

市场前景

首先，现在是一个不断学习的时代，任何人停止学习就会被社会所淘汰，所以荔枝微课是一个学习知识的平台。其次，现在生活节奏加快，人们期望用更快更便捷的方式进行学习，荔枝微课正是抓住这样的市场需求，只要想学习，只需要我们打开手机，在任何时间任何地点都可以学到自己想要了解的知识。再有，我们也可以把自己的一些知识或经验分享到这个平台上，供更多的人学习，同时自己也能增加一部分收入。所以说荔枝微课是有市场需求和发展前景的。

竞争壁垒

市场上也存在喜马拉雅、得到等付费App，荔枝微课作为一个知识直播付费类APP是如何从众多软件中脱颖而出的呢？喜马拉雅只做音频，得到只做经营知识电商平台，而荔枝微课做的是大众知识付费平台。另一方面，PPT语音互动功能是荔枝微课首创的一个功能，只要用户点击到一个语音，就可以进入到对应的PPT中，这是其他知识直播付费类App所不具备的功能。在市场优势方面，荔枝微课自有社群50000个，可以通过社群实现社群自营。在技术优势方面，荔枝微课利用人工智能+大数据算法，提升用户次月的留存率，留存率上升至50%。

运作模式

荔枝微课的主要盈利来自用户付费。2016年12月荔枝微课推出专栏内容，2017年3月推出自营、联营内容，这都加大了用户的浏览量以及付费量，但其中主要的盈利部分来自推广分成。

［案例来源：http://www2.scut.edu.cn/jxpg/2017/0930/c12368a212907/page.htm］

案例思考

1.结合本案例，谈谈荔枝微课这个项目的商业价值如何？

2. 结合实践，思考可以从哪些关键维度评估创业机会或创业项目的商业价值。

“十四五”职业教育国家规划教材

经全国职业教育教材审定委员会审定

创新创业课程资源库

案例 ● 教案 ● 音视频 ● PPT课件 ● 电子教材

策划方案 ● 课程思政资料和图片 ● 创业计划书

扫描二维码，学习二十大主要精神

创新创业

10步法

创新创业第六步：如何设计营销渠道?

6-2 实体营销渠道与推广

6-2 实体营销渠道与推广

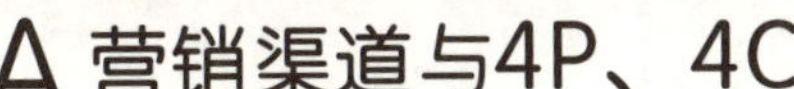

A 营销渠道与4P、4C

营销渠道是由供应商、生产者、批发商和零售商所组成的一种统一的联合体。

A1 营销渠道就是商品和服务从生产者向消费者转移过程的具体通道或路径。

A2
Product 在4P当中 Price
产品 价格
其余3个P围绕中轴转
找出一个比较性竞争优势的P
促销 渠道
Promotion 做中轴 Place

4P是用来制定企业策略的时候使用的

在4C当中，找出一个有比较性竞争优势的C做中轴，其它3个C围绕着中轴转。

什么是市场营销?

市场营销就是在发现和满足目标市场和目标消费者需求的过程当中，创造价值，实现盈利。A3

4C是用来制定消费者策略的时候使用的

B 分销渠道类别

产品生产出来后，根据有无中间商参与交换活动，按商品在流通过程中经过的流通环节的多少来划分分销渠道。

B1 直接渠道

直接渠道没有中间商参与，产品由制造商直接销售给消费者和用户，如上门推销、厂家自建门店销售、电视直销和网上直销等。

B2 间接分销渠道

间接分销渠道是指产品经一个或多个商业环节销售给消费者和用户的渠道类型。中间商扩大了流通范围和产品销售，但也造成了制造商与消费者之间的沟通不便。

B3 长渠道与短渠道

分销渠道一般是通过流通环节的多少来划分的，具体包括四级渠道：零级渠道、一级渠道、二级渠道、三级渠道。

零级渠道
制造商→消费者
一级渠道
制造商→零售商→消费者
二级渠道
制造商→批发商（或代理商）→消费者
三级渠道
制造商→代理商或批发商→零售商→消费者

B4 宽渠道与窄渠道

- 企业使用的同类中间商多，产品在市场上的分销面广，称之为宽渠道。
- 企业使用的同类中间商少，产品在市场上的分销面窄，称之为窄渠道。

B5 单渠道与多渠道

- 当企业全部产品都由自己直接所设的门店销售，或全部交给经销商经销，称之为单渠道。
- 多渠道则是可能在本地采用直接渠道，外地采用间接渠道，或不同区域长、短渠道结合等方式。

C 营销渠道角色构成

C1 基本渠道

特殊渠道 C2

- 功能型的特殊渠道成员
  包括运输业、仓储业、装配和提供促销支持的企业。
- 支持型的特殊渠道成员
  包括金融业、信息业、广告业、保险业、咨询与调研业等。

D 渠道促销差异化

D1 产品差异化

渠道促销的重点应放在产品的市场导入期和市场衰退期。

D2 用途差异化

渠道促销分为为销售型促销和市场型促销，不同的市场问题和目的，要体现用途的差异化。

D3 客户差异化

重点客户重点支持，渠道促销70%的资源要投放在10%的金牌客户身上。

D4 市场差异化

重点市场重点支持，渠道促销资源向不同市场倾斜。

D5 时间差异化

结合淡旺季合理分配渠道促销资源，具体到以月为单位都可以做到差异化。

E 设计营销渠道系统涉及的相关要素

E1 顾客特性

顾客特性包括顾客人数、地理分布、购买频率、平均每次购买量，以及对不同市场营销方式的接受程度等，这些都会影响营销渠道长短的设计。

E2 产品特性

包括是否易腐、是否易损、生产与消费是否受到季节限制等。

E3 中间商能力

中间商在销售、促销、存储等方面的能力和商业信用都是不同的。

E4 市场实际情况

市场实际情况包括区域特点、潜在顾客状况、消费者购买习惯、商品的季节性、商品销售量和竞争性商品等。

E5 企业自身状况

企业自身状况对设计和选择渠道起着重要作用。企业的长期发展目标、规模、财力、产品组合程度、过去的业务、经验以及现行的营销策略等因素影响着企业对营销渠道的选择，渠道一旦选定和运行，如果再行改换，成本会很高且不易实现。

E6 环境因素

经济形势和法律规定对商家渠道的选择也有较大的制约性，经济环境的好坏也会影响渠道设计。

E7 竞争条件

要尽量避免和主要竞争对手使用一样的分销渠道，特别是主要竞争对手控制传统渠道时。

F 实体门店整合营销

营销整合将所有资源综合利用，以消费者为中心，既包括营销渠道、营销过程、营销方式以及营销管理等方面的整合，也包括对商业机构内外商流、物流、信息流等的整合。

6-2 实体营销渠道与推广

选择适合你的创业机会

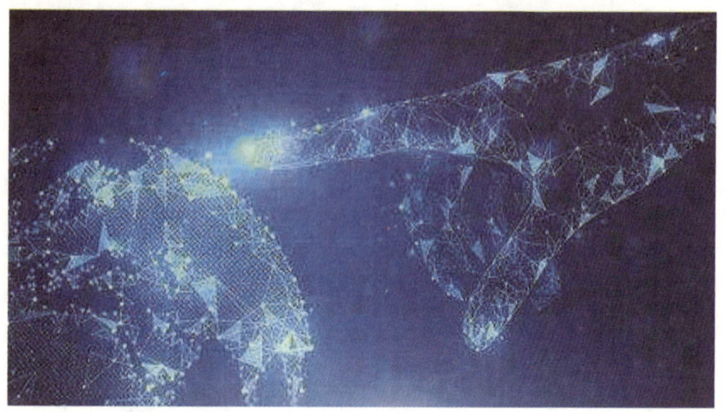

【问题聚焦】

创业可以说是一种全身心的付出，很多事情需要亲力亲为，面对的是更多的不确定性和创业风险，既要关注创业过程，也要重视创业结果。因此对创业者来说，仅有利润回报是不够的。可以说，创业机会的选择是一种不确定条件下的多目标决策。创业者在进行机会选择时，应遵循以下原则。

创业机会选择原则

● 目标相符原则。目标相符是创业机会选择的首要原则。创业者的动机也许有很多，但在机会选择时，所选的机会应符合创业者的主要目标。创业的目标是什么？是做自己喜欢的事，个人成就需要，收入的增加，还是才能得到最大的发挥？创业者一般会从个人观点慎重思考选择什么样的创业机会——企业是否适合他们想要做的以及他们能做什么。

● 资源相配原则。资源匹配在创业机会选择时，也是需要重点考虑的。对创业者而言，并非所有的创业机会都可以选择，能够选择什么样的创业机会，在很大程度上，取决于创业者所拥有或可以利用的创业资源的数量和质量（是否能满足创业需要）。主要的创业资源有创业所需的人力资源、原材料的可获得性、一定的生产技术和创业资本等。

● 环境相适原则。环境是企业赖以生存的土壤。一般说来，创业者难以改变环境，只能适应环境。跨国公司进行海外扩张时，必须考虑当地的投资环境是否适合投资。创业环境影响创业机会的选择，主要影响因素有政府政策和规程、产业政策、税收、基础设施等方面。

基于市场视角的创业机会可行性分析

● 市场定位。一个好的创业机会必然具有特定市场地位，专注于满足顾客需求，同时能为顾客带来增效的效果。因此评价创业机会的时候，可由市场地位是否明确、顾客需求分析是否清晰、顾客接触通道是否流畅、产品是否持续衍生等，来判断创业机会可能创造的市场价值。创业给顾客的价值越高，创业成功的机会也会越大。

● 市场结构。针对创业机会的市场结构进行五项分析，包括进入障碍、供货商、顾客、经销商的谈判力量，替代性竞争产品的威胁，以及市场内部竞争的激烈程度。由市场结构分析可以得知新企业未来在市场中的地位，以及可能遭遇竞争对手反击的程度。

● 市场规模。市场规模的大小与成长速度也是影响新企业成败的重要因素。一般而言，市场规模大者，进入障碍较低，市场竞争激烈程度也会略为下降。如果要进入的是一个十分成熟的市场，那么纵然市场规模很大，由于已经不再成长，利润空间必然很小，因此这个新企业恐怕就不值得再投入。反之，一个正在成长的市场，通常也是一个充满商机的市场，所谓水涨船高，只要进入时机正确，会有较大的获利空间。

● 市场渗透力。对于一个具有巨大潜力的创业机会，市场渗透力（市场机会实现的过程）评估将会是一项非常重要的影响因素。聪明的创业者知道选择在最佳时机进入市场，也就是市场需求正在大幅成长之际，这时做好准备，等着接单。

6-2 实体营销渠道与推广

● 市场占有率。从创业机会预期可取得的市场占有率目标，可以显示这家新创公司未来的市场竞争力。一般而言，要成为市场的领导者，最少要拥20%以上的市场占有率。但如果低于5%的市场占有率，则这个新企业的市场竞争力显然不强，自然也会影响未来企业上市的价值。

● 产品的成本结构。产品的成本结构也可以反映新企业的前景是否亮丽。例如，从物料与人工成本所占比重高低、变动成本与固定成本的比重，以及经济规模产量的大小，可以判断新企业创造附加值的幅度以及未来可能的获利空间。

【拓展练习】

基于大赛视角评价你的创业机会

用下面的创业大赛机会评价三要素，把脉创业机会的大赛价值。

1.什么是创业机会?（用三句话说清楚做什么）

2.创新点在哪里?（列出三个创新点）

3.做了什么?（至少列出三点）

【实训活动】

乡村振兴中的创业机会

选择一个村庄开展调研，看看村子还面临哪些亟待解决的问题。可以聚焦就业、教育、环保、科技、医疗、住房等细分领域，同时结合自身的能力、资源、专业与兴趣，挖掘提炼至少五个创业机会。

课程思政

团队讨论：

为什么创业需要合作精神、进取精神和拼搏精神?

6-2 实体营销渠道与推广

翻转课堂情景任务

参见第73页翻转课堂情景图，团队按以下任务进行分工合作，在任务纸或大画纸上完成。

1. 什么是营销渠道？营销渠道与4P和4C有什么关联？4P是如何用来制定企业策略的？分销渠道有哪些类别？短渠道和长渠道是如何划分的？

2.基本营销渠道由哪些成员组成？特殊营销渠道由哪些成员组成？他们之间的关系是如何构成的？

3. 如何实现渠道促销的产品差异化？如何实现渠道促销的用途差异化？如何实现渠道促销的客户差异化？如何实现渠道促销的市场差异化？如何实现渠道促销的时间差异化？设计营销渠道需考虑哪些相关要素？

4. 结合企业和项目团队情况，设计某款产品或某系列产品的实体营销渠道。

5. 举例阐述：什么是整合营销？整合营销的操作要点是什么？

6. 举例阐述：实体门店整合营销传播系统由哪几大模块构成？这几大模块的相关组成部分如何运行？

讨论记录区

创新创业课程资源库

案例 • 教案 • 音视频 • PPT课件 • 电子教材

策划方案 • 课程思政资料和图片 • 创业计划书

扫描二维码，学习二十大主要精神

6-2 实体营销渠道与推广

【案例分享】

创业的关键在于选对机会

如今是大众创业的时代，有人成功就可能有人失败。创业要想成功，优秀的创业点子非常重要，同时创业者要有敏锐眼光和创新意识，能从平凡的事情当中找出闪亮点。

实例一：“不安分者”眼中的商机

高中毕业后干起家电维修的小胡和小姜，每天都以修收录机、电视机为生，但前者是一个经营上的“不安分者”，后者则是一个循规蹈矩的“老实人”。一次，小胡又突发奇想，寻找到新的商机：他发现当地的农民用上了自来水后，将来就有可能使用洗衣机，有洗衣机便会有维修洗衣机的业务。于是，他买回本地市场上常见品牌的洗衣机供周围的人使用，目的之一是让人们尝尝洗衣机的甜头，目的之二是学习洗衣机的结构、保养和维修。果不其然，一年后，一台台洗衣机进入农村，维修业务几乎全被小胡包揽了，而小姜只能眼睁睁看着自己失去一次扩大维修范围的机会。

一般人总是等机会从天而降，而不是通过努力工作来创造机会。殊不知，人们遇到的问题和未满足的需要总是不断提供新的商机。优秀创业者的一个基本素质，就是善于从他人的问题中发现机会，主动把握机会。对照一下你自己，又作何感想?

实例二：没钱也可以开店

张大勇性格开朗，待人热情，头脑灵活，善于社交，有一定的管理能力。他既酷爱电脑又做着电脑的生意，兜里也有一些积蓄，而且身边又结识了众多的电脑爱好者们。当今的网络已成为年轻人生活的一部分，张大勇瞄准了一个挣钱的机会——开一家网吧，但是，自己积蓄的钱又不够。经过仔细分析和市场调研后，在一个交通便利又比较热闹的地段，张大勇和几个朋友一起开了一家规模较大的网吧。一年后，张大勇不仅收回了本钱，自己又开了一家分店。

张大勇的成功在于他对自己有清醒的认识，对市场需求有充分的了解，同时借助于和朋友合作，既解决了资金问题，又壮大了个人的实力，将自己的优势，有效地与外部条件结合起来，成为一个成功的创业者。

对于每一个创业者而言，永远要面对的困难，就是资源的匮乏，但是，成功的创业者总是能够利用自己仅有的资源，巧妙地与其他资源整合，张大勇不仅有“勇”，还有“谋”——资源整合的意识。

[案例来源：https://wenku.baidu.com/view/60201da9d1f34693daef3ed4.html]

案例思考

1.结合案例中两位主人公的创业实践，你认为什么是创业机会?

2.结合案例，谈谈如何选择并抓住创业机会?

创新创业 10步法

创新创业第九步：资源整合与创业融资

9-1 了解企业资源与企业发展阶段

9-2 创业计划书与融资渠道

创新创业第十步：企业创办与经营模式

10-1 公司注册相关流程与商标注册、专利申请

10-2 初创型企业运营与管理探索

创新创业第八步：财务分析与风险预测

8-1 现金流、利润与财务分析

8-2 企业风险与三大报表

创新创业第七步：企业类型与创业政策

7-1 独资企业、合伙企业与公司企业

7-2 国家对大学生创业的优惠政策

《创新创业10步法》第三阶段思维导图树

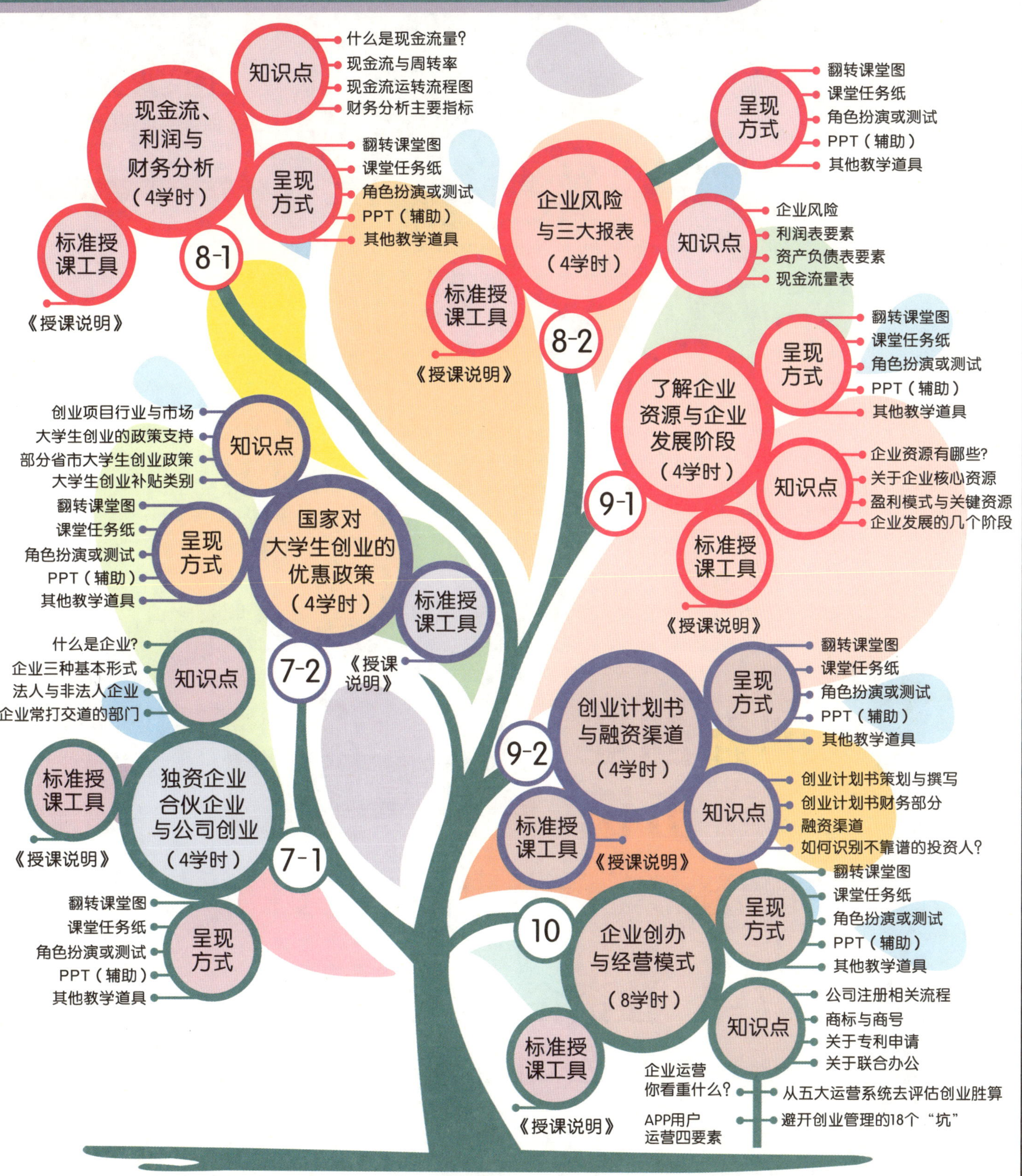

《创新创业10步法》第三阶段7–10步情景式可视化训练　32学时（每个学时45分钟）

创新创业第七步：企业类型与创业政策（4学时+4学时）；创新创业第八步：财务分析与风险预测（4学时+4学时）；创新创业第九步：资源整合与创业融资（4学时+4学时）；创新创业第十步：企业创办与经营模式（4学时+4学时）。本思维导图供老师授课前备课参考和学生预习使用。4个学时的课程可一次连上4节课，也可分为两次课（每次2节课）。

经全国职业教育教材审定委员会审定

创新创业课程资源库

案例 ● 教案 ● 音视频 ● PPT课件 ● 电子教材

策划方案 ● 课程思政资料和图片 ● 创业计划书

扫描二维码，学习二十大主要精神

创新创业 10步法

创新创业第七步：企业类型与创业政策

7-1 独资企业、合伙企业与公司制企业

创新创业10步法 第三阶段 创新创业第七步：企业类型与创业政策

• 可视化翻转课堂图 •

7-1 独资企业、合伙企业与公司制企业

A 什么是企业？

企业本质上是“一种资源配置的机制”，能够实现整个社会经济资源的优化配置，降低整个社会的“交易成本”。

A1

企业是多以营利为目的，经合法注册的经济组织。

- 运用各种生产要素
- 向市场提供商品或服务
- 财务独立核算
- 自主经营
- 自负盈亏
- 法人
- 其他经济组织

A2

土地　劳动力　资本　技术　企业家才能

A3

其他经济组织是指合法成立，有一定的组织机构和财产，但又不具备法人资格的组织。包括私营独资企业、合伙组织、法人依法设立的分支机构等。

A4 营利、赢利与盈利

营利就是以赚钱为目的（但未必赚到钱），营利侧重经营的过程。

赢利侧重在形式上赢得优势，可能收入大于成本获得利润，也可能持平。

盈利指总收入减总支出为正数，是企业单位利润的获得结果，是一种经营能力指标。

B 企业存在的三种基本形式

GP 普通合伙人 General Partner

LP 有限合伙人 Limited Partner

B1

独资企业投资者对企业债务负无限责任，企业负责人是投资者本人，企业负责人姓名须与身份证相符，不得使用别名。按照我国现行税法有关规定，私营独资企业取得的生产经营所得和其他所得，应按规定缴纳私营企业所得税。

独资企业 • 指一人投资经营的企业

个体工商户

根据国务院2011年3月发布、11月实施的《个体工商户条例》进行注册登记。

- 个体工商户通常是一个人或一家人一起经营，如果人手不够再雇一些伙计（雇工数一般不超过8人）。
- 个体工商户由登记的业主承担无限责任。
- 个体工商户税收为查账征收，月收入低于5000元免征收。

个体工商户能否作为经济组织的一种形式，目前仍有争议。工作室可进行个体工商注册。

个人独资企业

个人独资企业，依据《中华人民共和国个人独资企业法》设立。

- 个人独资企业投资人在申请企业设立登记时明确以其家庭共有财产作为个人出资的，应当依法以家庭共有财产对企业债务承担无限责任。
- 设立个人独资企业应当具备下列条件：
（1）投资人为一个自然人；
（2）有合法的企业名称；
（3）有投资人申报的出资；
（4）有固定的生产经营场所；
（5）有必要的生产经营条件；
（6）有必要的从业人员。

B2

合伙企业

合伙企业，是指自然人、法人和其他组织依照《中华人民共和国合伙企业法》在中国境内设立的，由两个或两个以上的自然人通过订立合伙协议，共同出资经营、共负盈亏、共担风险的企业组织形式，主要类型有普通合伙企业和有限合伙企业。

普通合伙企业

普通合伙企业由2人以上普通合伙人（没有上限规定）组成，合伙人对合伙企业债务承担无限连带责任。

特殊 普通合伙企业

特殊的普通合伙企业是指：
（1）如果一个或数个合伙人在经营中因故意或者重大过失造成损失，该类合伙人承担无限责任，其他合伙人只承担有限责任。
（2）如果合伙人在经营中非因故意或者重大过失造成的损失，由全部合伙人一起承担无限连带责任。

特殊的普通合伙企业在企业名称上一定会增加“特殊普通合伙”字样，特殊的普通合伙形式在全世界中国是独有的。

有限合伙企业

有限合伙企业由2人以上50人以下的普通合伙人和有限合伙人组成，其中普通合伙人和有限合伙人都至少有1人。

- 有限合伙人（LP）即真正的投资者，但不负责具体经营，无薪酬，根据出资份额获取相应经营利润。
- 有限合伙人只以其出资对合伙企业负有限责任。

GP 普通合伙人

普通合伙人（GP）有权管理、决定合伙事务，负责带领团队运营，对合伙债务负无限责任。

B3

这里的公司是指依照《中华人民共和国公司法》，在中国境内设立的是以营利为目的的企业法人，包括有限责任公司、股份有限公司和外商投资的有限责任公司、外资投资的股份有限公司。公司是适应市场经济社会化大生产的需要而形成的一种企业组织形式。

公司制企业

公司制企业是现代企业中最主要的最典型的组织形式。

有限责任公司、外资投资的有限责任公司

多股东	一人有限责任公司
股东在50人以内，股东的股权按百分比区别，按各自出资金额承担有限责任。	自然人或法人一般按认缴注册资本承担有限责任，如股东不能证明公司财产独立于股东自己财产的，对公司债务承担连带责任。

股份有限公司、外资投资的股份有限公司

股份公司的发起人是2-200人，股份公司分为普通股份公司和挂牌股份公司两种，在中国，股东超过200人的公司就是公众公司。

外资公司

外资公司包括中外合作、中外合资、外商独资三种类型。

外资投资的有限责任公司和外资投资的股份有限公司适用《中华人民共和国公司法》，除此之外的其他类型外资公司适用其他中国法律，如《中外合资经营企业法》及其《实施细则》、《中外合作经营企业法》及其《实施细则》、《外资企业法》及其《实施细则》等。

C 法人企业与非法人企业

C1 法人企业

- 法人企业是指能以企业自己的名义独立享有法定权利和承担法定义务的合法经济组织。
- 如果法人企业涉及法律诉讼的，由企业作为诉讼当事人，也就是原告、被告等，而非法人企业在涉及法律诉讼时，不是由企业而是由企业的业主或者投资者作为诉讼当事人。根据法律规定，法人企业的法定代表人（如董事长），对外代表企业，其职务行为引起的法律后果，由其所代表的法人企业享有或者承担。
- 中文名法人企业类别有限责任公司、股份有限公司含义取得法人营业执照、具有法人地位相对于非法人企业包括：
1. 公司制企业（即有限责任公司、股份有限公司）
2. 非公司制法人企业（为历史遗留问题，多为尚未转制的国有企业、集体企业）。

C2 非法人企业

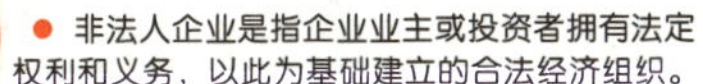

- 非法人企业是指企业业主或投资者拥有法定权利和义务，以此为基础建立的合法经济组织。
- 属于非法人企业的其他经济组织有：个人独资企业，合伙企业，公司的分公司、分支机构等。

可以通过红盾网、天眼查App等，查已注册企业的基本状况。

D 企业常和哪些部门的人打交道？

D1 工商注册部门或工商注册代理机构

D2 税务部门：国税与地税

D3 银行（开户行和贷款银行）

D4 质量技术监督部门或卫生部门

D5 办公场地租赁，符合条件的可入驻孵化园

D6 公安局指定地点刻章

D7 财务代理机构或企业管理顾问机构

D8 培训机构或与相关行业企业合作

7-1 独资企业、合伙企业与公司制企业

找准痛点，抓住核心需求

【问题聚焦】

我们经常会听说“一切从需求出发”，那么，在创业过程中，找到需求真的就能创业成功了吗？显然不是。找到用户的需求是构建商业模式的基础，但仅仅找到需求是不够的，更重要的是找到用户的痛点需求，只有找对了切入点，创业才能事半功倍。

1.需求背后的痛点

关于“用户需求”，被引用最多的一个案例就是“用户向福特要一匹更快的马，福特给了用户一辆车”。福特汽车创始人亨利·福特曾经表示：“如果听用户的，我们根本造不出汽车，因为用户需要的是一匹马。”由此可见，其实所谓用户需求，就是用户从自身角度出发得出的问题解决方案，这里有三点需要我们注意：

（1）用户认为习以为常的需求，用户在诉说时就会忽略，用户表达的需求有时是失真的。

（2）由于用户认知和本身能力有限，所以表达不准自己内心真正想要的需求，他们不知道答案是什么。

（3）用户在特定的场合下，可能会说出违心的需求，我们会被用户所欺骗。

可见，用户需求不足以直接作为产品规划的依据，而是需要通过一系列用户研究手段进行深入的分析，找到用户真实想要的产品与他们实际使用的产品之间的差距，挖掘出用户产生某一需求背后真正的痛点。

在获取用户需求之前，我们需要明确的是，用户的需求为“谁”而获取？答案是产品。但这里的产品不单指一个实物产品，而是包含了物质形态的产品、以及非物质形态的服务等。商业世界的起点有且只有一个，那就是需求，商业世界里的一切产品，以及抽象的商业概念，都是需求的后衍产物，可以说，明确用户需求是产品设计的前提，而产品的诞生就是为了满足需求。

企业向用户提供产品的目标，就是要满足用户需求。但又不能简单地看待用户需求，而是应该挖掘用户产生这个需求时的动机是什么？驱动用户产生这个需求的背后，潜藏的期望和痛点究竟是什么？

说到底，首先要弄明白是什么东西让潜在用户感到痛苦？拿前面福特的案例来说，福特的用户究竟需要一匹马还是一辆车，就需要分析用户场景之下的动机是什么？如果用户是赛马想获得更好成绩，那么用户确实需要一匹更快的马；但如果用户是想更快地到达另一个地方，汽车就能更好地满足用户需求。

从一百多年前福特汽车的成功我们可以看到，也许用户并不知道自己的动机是什么，但这不代表用户没有动机，因而在动机的驱动下，用户进行抉择的时候，依然会做出理性的判断。

因此，我们在进行需求分析时，获取到用户需求后，首先就要挖掘用户产生这个需求背后的动机，了解用户群体的习惯、喜好，观察他们，找到用户的最“痛”的点，并从中寻找共性，然后利用你的产品去确保用户遭遇的痛点被消除。

2.用户需求如何获取

可以肯定的是，用户需求一定是从场景中来的，而不是凭空想象一个需求后，再去找适合它的场景。而人构成了场景，因此，分析用户需求场景也是在分析场景下的人。初创企业在进行用户需求调研时，要注意站在用户的角度深入了解他们在具体场景下的想法和感受，去探寻用户产生某一个需求的本质。用户需求的调研可以通过以下两种方式进行用户需求调研：

（一）问卷调查

问卷调查是一种常见的收集数据的方法，它提供了一种能够准确评估访谈中发现的事实以及意见的广

7-1 独资企业、合伙企业与公司制企业

泛性和可靠性方法，只要操作正确，要从大量分散的受众中获得数据，没有什么方法比问卷调查更有效。

在设计问卷调查时需要注意，问卷简短，才能保证问卷受众愿意回答，并可以大大简化调查后的数据分析工作。如果有必要，对小范围受众进行试点问卷调查，还要根据反馈再大规模修改问卷中的问题，避免收集大量的无用信息。

（二）用户访谈

用户访谈法可以通过单独访谈、小组访谈、电话访谈等形势进行。它需要访谈者具备一定的交谈能力，在进行用户访谈时，可以选择以下一种方式开展：

结构化访谈。访谈者事先制定格式化问题清单，对所有受访者的基本问题和挖掘性提问都一样，把访谈内容控制在预先确定的主题上。它的特点是，对在访谈中涉及的所有问题，如：选择访谈对象的标准和方法、访谈中提出的问题、提问的方式和顺序、被访问者回答的记录方式、访谈时间和地点等都有统一规定。在访谈过程中，要求访谈者不能随意更改访谈的程序和内容。

非结构化访谈。访谈者与受访者的交谈没有任何预设的格式，只是根据拟定的访谈提纲或某一题目，访谈者与受访者进行自由交谈获取信息。与结构化访谈相比，非结构化访谈几乎无任何限制，访谈者可随时调整访谈的内容、深度和广度。

此外，还有混合式访谈，也就是把结构化访谈与非结构化访谈结合起来，访谈内容既有格式化的问题清单，也有开放式的问题，混合式访谈是最常用的一种访谈方法。

3.构建用户画像

用户画像（User Persona）的概念最早由交互设计之父Alan Cooper提出，是建立在一系列属性数据之上的目标用户模型。用户画像的构建从流程上可以分为3个步骤：获取和研究用户信息、适度细分用户群、建立和丰富用户画像。在这3大步骤中，最主要的区别在于对用户信息的获取和分析，从这个维度上讲主要有以下三种方法：

方法	步骤	优点	缺点
定性用户画像	1.定性研究：访谈 2.细分用户群 3.建立用户画像	省时省力、简单，需要专业人员少。	缺少数据支持和相关验证。
经定量验证的定性用户画像	1.定性研究：访谈 2.细分用户群 3.定量验证 4.建立用户画像	有一定的定量验证工作，需要少量的专业人员。	工作量较大，成本较高。
定量用户画像	1.定性研究 2.多个细分假说 3.定量收集数据 4.分析细分用户 5.建立用户画像	有充分的佐证，更加科学。	需要大量专业人员，工作量大，成本高。

定性就是去了解和分析，而定量则是去验证。一般而言，定量分析的成本较高、相对更加专业，而定性研究则相对节省成本，更适合创业公司确定目标客户群体。创建用户画像的方法并不是固定的，企业需要根据实际项目的需求和时间以及成本而定。

7-1 独资企业、合伙企业与公司制企业

参见第81页翻转课堂情景图，团队按以下任务进行分工合作，在任务纸或大画纸上完成。

1.什么是独资企业？个体工商户和个人独资企业有什么区别？

2.什么是合伙企业？普通合伙企业、特殊的普通合伙企业、有限合伙企业有什么区别？什么是公司制企业？有限责任公司、股份有限公司与外资公司有什么区别？

3.什么是法人企业？法人企业有什么特点？什么是非法人企业？非法人企业有什么特点？试用“天眼查”“红盾网”等工具去查一个你想了解的企业，看看能否搜索到你想了解的信息。

4.企业与工商注册部门或工商注册代理机构哪些方面需要打交道？企业与税务部门哪些方面需要打交道？企业与银行哪些方面需要打交道？企业与质量技术监督部门或卫生部门哪些方面需要打交道？

5.初创企业与办公租赁机构或孵化园哪些方面需要打交道？企业与财务代理机构或企业管理顾问机构哪些方面需要打交道？企业与培训机构或合作企业哪些方面需要打交道？

讨论记录区

创新创业课程资源库

案例 • 教案 • 音视频 • PPT课件 • 电子教材
策划方案 • 课程思政资料和图片 • 创业计划书

扫描二维码，学习二十大主要精神

7-1 独资企业、合伙企业与公司制企业

【案例借鉴】

共享单车——从解决痛点到成为痛点

作为每天需通勤上下班的上班族来说，每天需要去往就近的公交站、地铁站或是公交站和地铁站之间换乘，这个距离并不长，通常也就一公里左右，而这个“最后一公里”一直是难以解决的伤痛。曾被称为中国“新四大发明“之一的共享单车，应运而生，解决了这一痛点。

但随着共享单车越来越火，乱停放问题却伴随着共享单车规模扩张的步伐愈演愈烈。共享单车发展中最大的痛点，就是共享单车的停放问题。我们经常可以发现，在公交车站台、行车道、人行道、盲道上，共享单车“见缝插针”“叠罗汉”等“任性”行为仍是城市管理的“痛点”。当突然涌入城市的巨量单车遇上城市本已经拥挤逼仄的公共空间，再加上一部分不那么自觉的共享单车使用者，三方面一碰头，停车乱象的出现几乎成为必然。共享单车在解决人们自由出行这个痛点的时候，却又活生生造成了另外一个痛点，这也许是共享单车的发明者没有预料到的。

除此之外，共享单车还面临着价格上涨、小广告猖狂、人为损坏等问题。共享单车虽然帮助人们缓解了“最后一公里”的困扰，但是随着共享单车投放量越来越大，随之而来的问题，也在城市文明创建过程中留下了一些不文明的“污点”。

［案例来源：网易：https://www.163.com/dy/article/DNJ72AS50521JL97.html］

案例讨论

团队讨论：你们认为可以通过哪些渠道对共享单车进行“治理”？

【实训活动】

共享单车“新”痛点分析

阅读案例，你认为共享单车面临的最大痛点是什么呢？以小组为单位，模拟访问者与被访者进行用户调研，获取用户对这一痛点背后的真实需求。

1.痛点：

2. 用户真实需求：

课程思政

团队讨论：

大学生创业与创业法律法规、国家法制有什么关联？

经全国职业教育教材审定委员会审定

创新创业课程资源库

案例 • 教案 • 音视频 • PPT课件 • 电子教材

策划方案 • 课程思政资料和图片 • 创业计划书

扫描二维码，学习二十大主要精神

创新创业

10步法

创新创业第七步：企业类型与创业政策

7-2 国家对大学生创业的优惠政策

创新创业10步法 第三阶段 创新创业第七步：企业类型与创业政策

• 可视化翻转课堂图 •

7-2 国家对大学生创业的优惠政策

A 创业项目要先确定行业和市场

A1 朝阳行业

A2 夕阳行业

A3 行业与职业

A4 需求侧与供给侧

B 创业项目需要准确定位

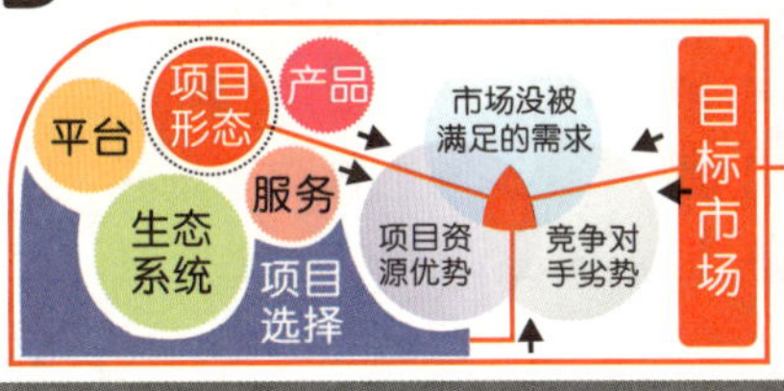

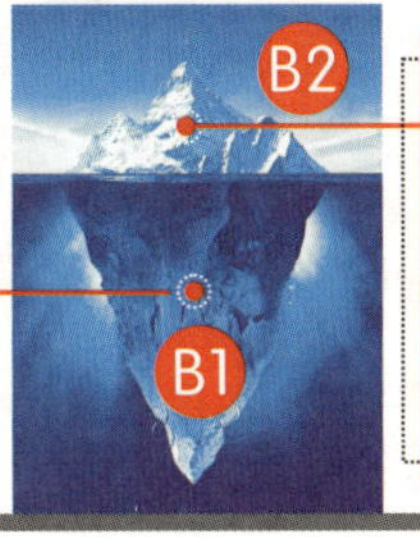

目标客户

切入点：定位准确的消费群

痛点：解决什么问题？

尖叫点：解决问题的方案

制高点：壁垒、优势、标杆

转折点：危机与机会

C 国家给予大学生创业的政策支持

以下内容仅供参考，以国家最新政策为准。

C1 税收优惠

- 持人社部门核发《就业创业证》的高校毕业生在毕业年度内创办个体工商户、个人独资企业的，3 年内按每户每年 8000 元为限额依次扣减其当年实际应缴纳的营业税、城市维护建设税、教育费附加税和个人所得税。
- 对高校毕业生创办的小型微利企业，按国家规定享受相关税收支持政策。

C2 创业担保贷款和贴息

- 对符合条件的大学生自主创业的，可在创业地按规定申请创业担保贷款，贷款额度为10万元。
- 鼓励金融机构参照贷款基础利率，结合风险分担情况，合理确定贷款利率水平，对个人发放的创业担保贷款，在贷款基础利率基础上上浮3%以内的，由财政给予贴息。

C3 免收有关行政性收费

- 毕业 2 年以内的普通高校学生从事个体经营（除国家限制的行业外）的，自其在工商部门首次注册登记之日起3年内，免收管理类、登记类和证照类等有关行政事业性收费。

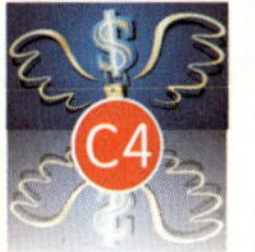
C4 社保和培训补贴

- 对大学生创办的小微企业新招用毕业年度高校毕业生，签订 1 年以上劳动合同并交纳社会保险费的，给予 1 年社会保险补贴。
- 对大学生在毕业学年（即从毕业前一年 7 月 1 日起的 12 个月）内参加创业培训的，根据其获得创业培训合格证书或就业、创业情况，按规定给予培训补贴。

C5 免费创业服务

- 有创业意愿的大学生，可免费获得公共就业和人才服务机构提供的创业指导服务，包括政策咨询、信息服务、项目开发、风险评估、开业指导、融资服务、跟踪扶持等“一条龙”创业服务。

C6 取消高校毕业生落户限制

- 高校毕业生可在创业地办理落户手续（直辖市按有关规定执行）。

C7 创新人才培养

- 创业大学生可享受各地各高校实施的系列“卓越计划”、科教结合协同育人行动计划等，同时享受跨学科专业开设的交叉课程、创新创业教育实验班等，以及探索建立的跨院系、跨学科、跨专业交叉培养创新创业人才新机制。

C8 开设创新创业教育课程

- 自主创业大学生可享受各高校挖掘和充实的各类专业课程和创新创业教育资源，以及面向全体学生开发开设的研究方法、学科前沿、创业基础、就业创业指导等方面的必修课和选修课，享受各地区、各高校资源共享的幕课、视频公开课等在线开放课程，和在线开放课程学习认证和学分认定制度。

C9 强化创新创业实践

- 自主创业大学生可共享学校面向全体学生开放的大学科技园、创业园、创业孵化基地、教育部工程研究中心、各类实验室、教学仪器设备等科技创新资源和实验教学平台。
- 参加全国大学生创新创业大赛、全国高职院校技能大赛，和各类科技创新、创意设计、创业计划等专题竞赛，以及高校学生成立的创新创业协会、创业俱乐部等社团，提升创新创业实践能力。

C10 改革教学制度

- 自主创业大学生可享受各高校建立的自主创业大学生创新创业学分累计与转换制度，和学生开展创新实验、发表论文、获得专利和自主创业等情况折算为学分，将学生参与课题研究、项目实验等活动认定为课堂学习的新探索。
- 同时也享受为有意愿有潜质的学生制订的创新创业能力培养计划，创新创业档案和成绩单等系列客观记录并量化评价学生开展创新创业活动情况的教学实践活动。优先支持参与创业的学生转入相关专业学习。

C11 完善学籍管理规定

- 有自主创业意愿的大学生，可享受高校实施的弹性学制，放宽学生修业年限，允许调整学业进程、保留学籍休学创新创业等管理规定。

C12 大学生创业指导服务

- 自主创业大学生可享受各地各高校对自主创业学生实行的持续帮扶、全程指导、一站式服务，以及地方、高校两级信息服务平台，为学生实时提供的国家政策市场动向等信息，和创业项目对接、知识产权交易等服务。可享受各地在充分发挥各类创业孵化基地作用的基础上，因地制宜建设的大学生创业孵化基地，和相关培训、指导服务等扶持政策。

D 部分省市大学生创业优惠政策简介（节选）

以下内容仅供参考，以国家最新政策为准。

D1 北京

- 贷款金额：最高50万，且由区财政进行贴息。
- 优惠政策：由区财政进行贴息。

除拥有北京《再就业优惠证》的人员外，持有北京户口的未就业大学毕业生想要从事个体经营或自主、合伙开发创办小型企业自筹资金不足的，也可申请小额担保贷款。

D2 上海

- 贷款金额：5万至30万元。
- 优惠政策：专门设立了大学生创业“天使基金”。

D3 重庆

- 申请对象：半年以上未就业，有固定户口的大学毕业生。
- 贷款金额：3000-4000元
- 贷款方式：抵押贷款，担保贷款，自主创业小额贷款。

D4 青岛

- 贷款金额：最高不超过 5 万元。两人及以上团队创业的可放宽到20万元
- 贷款方式：小额担保贷款
- 优惠政策：对从事微利项目的，由同级财政据实全额贴息。

D5 广东

- 大学毕业生自己成功创业满 6 个月享受一次性创业补助最高8000 元。
- 大学生创业项目被评为优秀创业项目的，可给予5-20万元的一次性资助。

D6 深圳

- 两年内的高校毕业生投资注册资本50万元以下的有限责任公司可“零首付”的注册，只需自公司成立之日起两年内缴足注册资本。
- 对符合条件的大学生自主创业提供额度为10万元创业贷款，在贷款基础利率基础上上浮 3 个百分点以内的，由财政给予贴息。

D7 安徽

- 申请对象：高校毕业生
- 贷款金额：最高5万元
- 优惠政策：财政按中国人民银行公布的同期贷款基准利率上浮 3 个百分点以内给予全额贴息。

D8 太原

- 申请对象：有登记失业的高校毕业生贷款金额：不超过5万元
- 贷款方式：小额担保贷款
- 优惠政策：各县（市、区）财政部门可委托指定担保机构，为其提供担保，小额担保贷款基金运行中出现缺口，由各县（市、区）负责补足。

E 国家给予符合条件大学生创业补贴

以下所列相关补贴事项及相关条件，请咨询各省、市的人力资源和社会保障局，以实际咨询和回复为准。

E1 创业培训补贴

E2 一次性创业资助

E3 租金补贴

E4 创业带动就业补贴

E5 创业企业社会保险补贴

E6 创业孵化补贴

E7 示范性创业孵化基地补贴

E8 优秀创业项目资助

E9 创业项目征集补贴

E10 创业项目对接跟踪服务补贴

7-2 国家对大学生创业的优惠政策

最小化可行产品（MVP）

【问题聚焦】

按照常规的开发方式，一个产品从调研到需求分析到设计到开发再到推向市场，会是一个漫长的过程，而且在推向市场以后，也很难保证成功率。因此，对于初创公司而言，最适合的方式，就是借助最小化可行产品（Minimum Viable Product，MVP）的开发思路，快速进入市场、接触客户并得到反馈，通过客户反馈不断修改原型，并进行不断地迭代开发，从而减少试错成本。

为什么要设计最小化可行性产品?

● 和常规产品不同，最小化可行性产品更侧重于对未知市场的勘测，用最小的代价来验证你的商业可行性。对于创业公司而言，企业创立之初，各方面资源有限，很难对产品做到面面俱到，因此，越早期的产品，越需要更专注产品的核心功能，实现产品的核心价值。这时候就需要借助MVP，经过一系列实践反馈与优化，最终完成正式版产品的开发。设计最小化可行性产品原因如下：

第一，产品模型的合理性不能确保功能也会受到用户的认可，快速投入市场中进行验证是最好的方式。

第二，产品的核心功能可以解决用户问题，所以从理论上说，就未必非要等到产品非常复杂、完善之后，才能吸引用户。解决问题是关键。

如何打造最小化可行产品?

一个传统的商业模式始于一个商业计划：详细描述可能的机会、需要解决的问题、该计划提出的解决方案。这个计划一般包括对收入、利润以及现金流的3-5年预测。但是，只有在花费了大量时间和精力在产品开发和市场投入后，这个商业模式才能得到足够的客户反馈，假如客户反馈不满意，此时企业再去调整产品设计，往往已经来不及了。而“最小化可行性产品”不同于传统的模式，它的关键点在于在“最小化”和“可行”之间找到平衡。在具体的操作上，一般先是建立一个产品雏形，快速将它推向市场后，如果你的假设得到了验证，再投入资源大规模进入市场；如果没有通过，那这就是一次快速试错，你可以尽快调整方向。

好的MVP需要具备四个特点：体现核心价值、功能极简、开发成本最低甚至0成本、能够测试。

MVP强调市场测试而不是细致的筹划；强调顾客反馈而不是自我的直觉；强调反复的设计和改进而不是前期大而全的产品研发。这就能确保企业生产的产品符合客户的实际需求，而不是企业自己的主观臆想。

就如下图所示，假设汽车还没出现之前，你怎么通过MVP测试汽车是否可行的？第一种方式是你先建一个轮子，看用户喜不喜欢？或者两个轮？或者一个汽车壳？第二种方式是看用户喜不喜欢滑滑板？然后省力推车？自行车？摩托车？

采用第一种方式建造的产品一定是测试不出来的，因为在最终产品问世之前，它无法验证你挖掘到的用户需求是否成立，因此，它不是一个好的最小化可行产品。而第二种是一个好的MVP打造思路。为什么呢？因为MVP本质上是测试你想要解决的问题是否真实成立，而这个背后的需求是最难想清楚的。

7-2 国家对大学生创业的优惠政策

如果用户背后的真实需求其实是“出行”，你的产品是要帮助用户更好地出行，那么一个滑板、自行车、摩托车等就是比较正确的最小化可行产品，因为如果用户用它们，说明更好的出行这个需求是真实存在的。

可见，MVP不是每个迭代做出产品功能的一部分，而是每次迭代都要交付一个可用的最小功能集合，这个集合的功能可以满足用户的基本需求，虽然还不够完善，但是至少可用。然后逐次迭代做出满足客户预期的产品，直至最后完全满足客户的需求。

打造最小化可行性产品通常可以按照以下步骤：

第一步，首先根据你挖掘到的用户痛点需求，找出你最需要验证的一个问题，这里面的重点是：只验证一个问题，一个你最“吃不准”的问题，而不是两个或多个。其他问题本阶段用常识来判断，在后期经过用户测试后，再借鉴用户反馈数据来佐证或调整即可。

第二步，针对这个最需要验证的问题设计一个最简单、最有效的MVP呈现方案，然后把产品推给核心用户去体验。在设计你的MVP呈现方案时，要尽可能地通过简洁、有效的描述来呈现产品的特点，最终实现用户的需求点和产品特点的契合，从而使用户愿意接受你的产品。下表是一个简单的产品呈现方案模板，你可以以下面的方式梳理你的思路，以便更好地向他人介绍你的产品。

我的产品方案	
产品名称	给你的产品取一个名字
目标用户	你的产品针对的用户群体有哪些特征？
用户痛点	你的目标用户存在哪些痛点？
使用场景	用户在哪些场景下会使用你的产品？
产品描述	用简洁易懂的语言描述清楚你的产品
所用技术	你的产品用到了哪些技术？

需要注意的是，任何MVP都是有成本的，所以和验证这一问题无关的功能不要出现在MVP中，要把做MVP的成本降到最低。在实操过程中，如果我们矫枉过正，开发了“最小”但“不可用”的产品，这就需要我们做好用户访谈，多测试产品，多了解用户的痛点，尽量把方向转移到“可用”上来。

第三步，开展数据收集、亲自体验，然后再次进行用户访谈。用户访谈时，你需要做的就是向用户解释你的产品能解决他的什么需求，然后询问他们对于你产品不同部分的重要性是如何排序的。根据收集到的信息再对产品进行调整。用户访谈应该着眼于发现问题和解决问题，而不是向受访者推销产品。这里需要特别说明的是，用户反馈的数据并不能代替你的亲自体验，数据好并不一定代表产品真的好。为什么这么说呢？因为数据很容易被“修饰”，因此，除了访谈用户以外，产品设计者一定要亲自体验最小化可行性产品。

第四步，也就是用户验证的最后一步就是验证假设。主要验证两件事，一是当前的产品是否满足了用户的核心需求；二是产品是否能够创造商业价值。通过前面的MVP、数据收集、评估，以及你自己的切身体验，要对之前验证的问题下一个结论，也就是这两件事到底有没有得到验证。如果验证成功，那么恭喜你，你可以大刀阔斧的开干了！如果验证不成功，也恭喜你！你用了几天的时间避免了两个月甚至两年的错误。

【实训活动：设计你的最小化可行性产品】

假如现在你要建一所房子，你认为“最小化可行产品”是什么？以小组为单位，模拟访问者与被访者，由访问者向被访者反复提问关于这所房子的功能、所处位置、作用等的憧憬，访问者根据这些信息提出你认为的“最小化可行产品”是什么？

7-2 国家对大学生创业的优惠政策

• 可视化翻转课堂图 •

参见第87页翻转课堂情景图，团队按以下任务进行分工合作，在任务纸或大画纸上完成。

1.朝阳行业与夕阳行业有什么区别？你所选择的创业项目属于朝阳行业还是夕阳行业？行业与职业有什么区别？创业者是选择行业重要还是选择职业重要？

2.什么是需求侧？什么是供给侧？需求侧和供给侧对创业项目有什么影响？创业项目如何确定目标市场？如何寻找、判断和服务目标客户？

3.国家对学生创业在“税收优惠”“创业担保贷款和贴息”方面有哪些主要举措？国家对学生创业在“免收有关行政性收费”“社保和培训补贴”方面有哪些主要举措？国家对学生创业在“免费创业服务”“取消高校毕业生落户限制”方面有哪些主要举措？国家对学生创业在“创新人才培养”“开设创新创业教育课程”方面有哪些主要举措？

4.国家对学生创业在“强化创新创业实践”“改革教学制度”方面有哪些主要举措？国家对学生创业在“完善学籍管理规定”“大学生创业指导服务”方面有哪些主要举措？北京、上海、重庆、青岛有哪些大学生创业优惠政策？广东、深圳、安徽、太原有哪些大学生创业优惠政策？你的创业项目所在城市有哪些大学生创业优惠政策？

5.你创业项目所在的城市在“创业培训补贴”“一次性创业资助”“租金补贴”“创业带动就业补贴”“创业企业社会保险补贴”方面有哪些具体举措？

6.举例阐述：你创业项目所在的城市在“创业孵化补贴”“示范性创业孵化基地补贴”“优秀创业项目资助”“创业项目征集补贴”“创业项目对接跟踪服务补贴”方面有哪些具体举措？

讨论记录区

创新创业课程资源库

案例 • 教案 • 音视频 • PPT课件 • 电子教材
策划方案 • 课程思政资料和图片 • 创业计划书

扫描二维码，学习二十大主要精神

7-2 国家对大学生创业的优惠政策

【案例分析】

大众点评网的MVP试验

2003年，大众点评的创始人张涛花了3天时间做出来大众点评网最早的一个网页。以前他羞于给别人看这张图，因为太丑陋了。但是后来，他觉得这张最简陋的网页就是MVP。当时他没有跟餐馆签任何协议，而是将旅游手册里的一千多家餐馆录入进网站系统。他就想验证一件事，网民在一家餐馆馆吃完饭，是否愿意进行点评？这个认知的获得是大众点评网商业模式最重要的起点。

当然，那时候他们还是无意识地做MVP，现在他们已经主动选择这样的产品策略。举个例子，大众点评现在想切入餐馆订位服务，市场上有很多解决方案，比如电话预订。在经过一番研究之后，他们想到一种声讯电话模式。简单地说，就是用户在手机上提交预订请求，然后用技术把文本转为语音，之后通过声讯电话服务商把用户的要求发送给相应的餐馆，餐馆可以简单地通过按1或者2来选择是否接受预订，最后大众点评网把预订结果短信通知用户。

这个解决方案听起来很漂亮，但是，开发这套系统至少需要3个月时间，而且他们也不确定用户是否愿意通过这种方式来预订餐位。MVP的概念再次帮了张涛的忙，他做了一个极为“性感”的试验：一开始根本不用语音转化技术和声讯电话业务，而是后台有两位客服人员人工地接收信息，电话餐馆，回复用户，换句话说，只是“假装”成声讯电话的样子。最后验证这个需求和解决方案是可行的，他们才投入大量资源来开发系统。

[案例来源：https://zhuanlan.zhihu.com/p/353809469]

案例思考

结合案例内容，分析一下用户为什么选择张涛团队打造的大众点评最小化可行性产品？

【实训活动：最小化可行性产品验证】

根据创业项目，设计你的产品方案，介绍你的最小化可行性产品方案，描述它的应用场景，收集其他人的看法。经过数据收集后，你认为你的最小化可行性产品能够满足用户的核心需求吗？除了满足用户需求外，它能够创造哪些商业价值？

我的产品方案	
产品名称	
目标用户	
用户痛点	
使用场景	
产品描述	
所用技术	

你的产品方案满足用户需求了吗？具备商业价值吗？谈谈自己的看法。

"十四五"职业教育国家规划教材

经全国职业教育教材审定委员会审定

创新创业课程资源库

案例 • 教案 • 音视频 • PPT课件 • 电子教材

策划方案 • 课程思政资料和图片 • 创业计划书

扫描二维码，学习二十大主要精神

创新创业

10步法

创新创业第八步：财务分析与风险预测

8-1 现金流、利润与财务分析

8-1 现金流、利润与财务分析

A 什么是现金流量？

A1

决定企业兴衰存亡的是现金流，最能反映企业本质的是现金流，在众多价值评价指标中基于现金流的评价是最具权威性的。

A2 什么是现金流量变化？

（企业在某一期间内）
现金流入-现金流出
= 现金流变化

A3 现金流入主要有哪些？

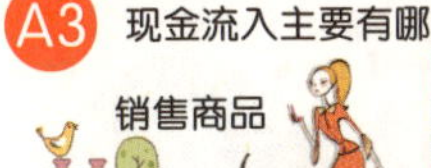
A3-1 销售商品

A3-2 出售固定资产

A3-3 提供劳务

A3-4 业务收入

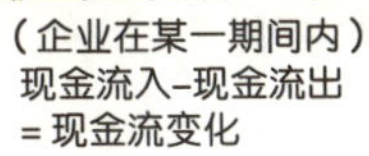
A3-5 收回投资

A3-6 借入资金

A3-7 融资到账资金

A4 现金流出主要有哪些途径？

A4-1 购买商品

A4-2 接受劳务业务服务

A4-3 购建固定资产

A4-4 现金投资

A4-5 偿还债务

A5 现金流量变化会有哪些结果？

A5-1

A5-2 A5-3

B 现金流与周转率

B1 现金流

现金流是企业一定时期的现金和现金等价物的流入和流出的数量。

现金流出
• 购买商品 • 接受劳务
• 现金投资 • 偿还债务
• 购建固定资产……

现金流入
• 销售商品 • 提供劳务
• 收回投资 • 借入资金
• 出售固定资产……

要衡量企业经营状况是否良好，是否有足够的现金偿还债务，资产的变现能力如何等，现金流量是非常重要的指标。

现金周转率

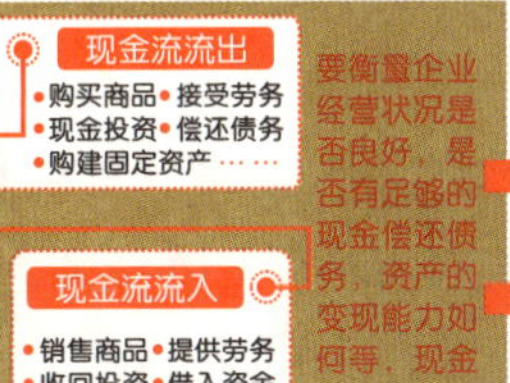

B2

• 现金周转率是指企业主营业务收入与现金平均余额的比率。

$$\text{现金周转率} = \frac{\text{主营业务收入}}{\text{现金平均余额}}$$

• 现金平均余额=(期初现金+期末现金)/2

持有现金主要目的：为了满足日常交易需要，作为流动储备以弥补现金流入和流出不平衡时出现的短缺。

较高的现金周转率意味着企业对现金的利用效率较好，但并不说明这一比率越高越好。

一个企业的现金周转率是否恰当，现金持有量是否合理，应当充分考虑企业的行业性质和业务性质，最基本的方法是在流动性与社会平均报酬率之间进行权衡。

B3 现金流与利润率哪个更重要？

现金流直接影响企业能否运营，能否解决是企业的生存第一要务。在有了稳定的现金流后，可以通过打造差异化产品来提高利润。

C 战略与现金流、利润

企业在生存得以实现后，通常可以选择两种主导战略：

成本战略往往通过提高周转率使得现金流充沛。

差异化战略则通过自身的特色，带给顾客愿意为之付出更高溢价的意愿，使企业利润提高从而获利。

D 现金流运转流程图

E 财务分析主要指标

财务分析指标是企业总结和评价财务状况和经营成果的相对指标。中国《企业财务通则》中为企业规定的三种财务指标为：

盈利能力指标

E1 偿债能力指标
- 短期偿债能力指标：流动比率 速动比率 现金流量比率 到期债务本息偿付比率
- 长期偿债能力指标：资产负债率 产权比率 有形资产净值率 已获利息保障倍数

E2 运营能力指标
- 营业周期 存货周转率 流动资产周转率
- 应收账款周转率 总资产周转率

E3 盈利能力指标
- 销售净利率 销售毛利率
- 资产净利率 净资产收益率

E4 发展能力指标 其他能力指标

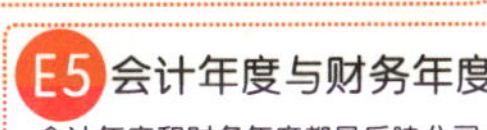

E5 会计年度与财务年度

会计年度和财务年度都是反映公司财务状况、经营成果的时间界限。根据会计法的规定，我国会计年度自公历1月1日起至12月31日止。为了便于账务处理，财务通常以3月底或12月底为财务年度结算期。

F 成本与利润

F1 可控成本与不可控成本

F2 固定成本与可变成本

F3 生产成本与销售成本

F4 显性成本与隐性成本

8-1 现金流、利润与财务分析

构建适合你的商业模式

【问题聚焦】

自“商业模式”一词出现以来，关于它的定义至今没有一个权威的版本。去掉那些复杂的表述，用一句话来阐述就是：商业模式描述与规范了一个企业创造价值、传递价值以及获取收益的核心逻辑和运行机制。

一个好的商业模式是通过科学的工具和正确的方法进行分析和拆解，进行多次整合优化后才得出的结果。

商业模式画布工具就是一种能够帮助团队催生创意、降低猜测，确保他们找对了目标用户、合理解决问题的工具。商业模式画布使用统一的模式讨论不同商业领域，使得商业模式可视化。

商业模式的九大要素

1.价值主张。价值主张就是企业通过其产品和服务能向消费者提供什么样的价值，满足客户什么样的需求，以及可以向客户提供哪些方面的价值。价值主张既是定量的又是定性的，价值主张要素主要有新颖、性能、定制化、品牌、定位、便利性等。

2.客户细分。客户细分指经过市场划分后所瞄准的消费者群体。即为谁创造价值，谁需要我们、谁是我们最重要的客户。也就是我们在前面讲到的目标用户画像。

3.关键业务。关键业务描述了企业业务流程的安排和资源的配置。关键业务可分为三类：（1）制造产品，也就是企业的关键业务与设计、制造及发送产品有关。（2）问题解决，指企业为客户的问题提供解决方案，如咨询公司、医院等。（3）平台 / 网络–指企业的关键业务与平台管理、服务提供和平台推广有关。

4.渠道通路。渠道通路描绘企业用来接触、以及将价值传递给目标客户的各种途径。这里涉及两种不一样的渠道：（1）直接渠道，如销售团队、在线销售等；（2）间接渠道，例如自有店铺、合作伙伴店铺、批发商等。

5.客户关系。客户关系阐明了企业与客户之间所建立的联系，以及双方如何维系关系。客户关系类型：（1）自助服务，公司与客户不存在直接的关系，比如平常用到的ATM提款机。（2）自动化服务，比如网易云音乐的每日推荐。（3）共同创作，和客户共同创造价值，如豆瓣、知乎、微信公众号等。

6.重要资源。重要资源描述了企业在实施其商业模式时所需要的资源和能力。重要资源可分为以下三类：（1）实体资产，比如生产设备、不动产、汽车、机器、系统、销售网点和分销网络等。（2）知识资产，包括品牌、专有知识、专利和版权、合作关系和客户数据库。（3）人力资源，这里的人力资源指企业在经营过程中所需的劳动力资源。

7.合作伙伴。合作伙伴指企业为了让商业模式有效运作所需的供应商与合作者。

8.成本结构。成本结构用来描述运营一个商业模式所引发的成本。成本分为两种：（1）固定成本：指不受产品或服务的产出业务量变动影响而能保持不变的成本。（2）变动成本：指伴随商品或服务产出业务量而按比例变化的成本，比如纸杯和吸管。

9.收益来源。收益来源用来描述公司通过哪些途径来创造财务收入。一般来说，企业获取收入的方式有以下几种：

8－1 现金流、利润与财务分析

●资产销售：即销售实体产品。

●使用收费：通过特定的服务来收取费用，例如共享单车。

●订阅收费：这种收入来自销售重复使用的服务，例如视频网站的会员、订阅期刊杂志等。

●租赁收费：如租赁房屋、设备租赁等。

商业模式九大要素如何关联？

一个有效的商业模式不是将九个要素进行简单罗列，要素之间存在着有机的联系。九大要素横向来看，成本结构和收入来源是管理层喜欢看的东西。纵向来看，合作伙伴、关键业务、核心资源共同构成企业的成本结构。客户关系、客户细分、渠道通道是企业收入来源考虑的因素。当我们把商业模式画布分为左中右三部分的时候，九大要素又清晰地描述了企业如何获取价值——塑造价值——传递价值的基本原理。根据九大要素间的逻辑关系，商业模式的设计可以分四步进行：

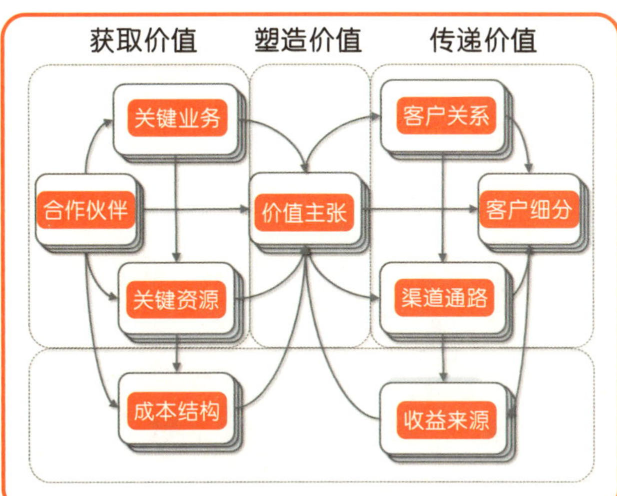

●价值创造收入：提出价值主张、寻找客户细分、打通渠道通路、建立客户关系。

●价值创造需要基础设施：衡量核心资源及能力、设计关键业务、寻找重要伙伴。

●基础设施引发成本：确定成本结构。

●差额即利润：根据成本结构、调整收益方式。

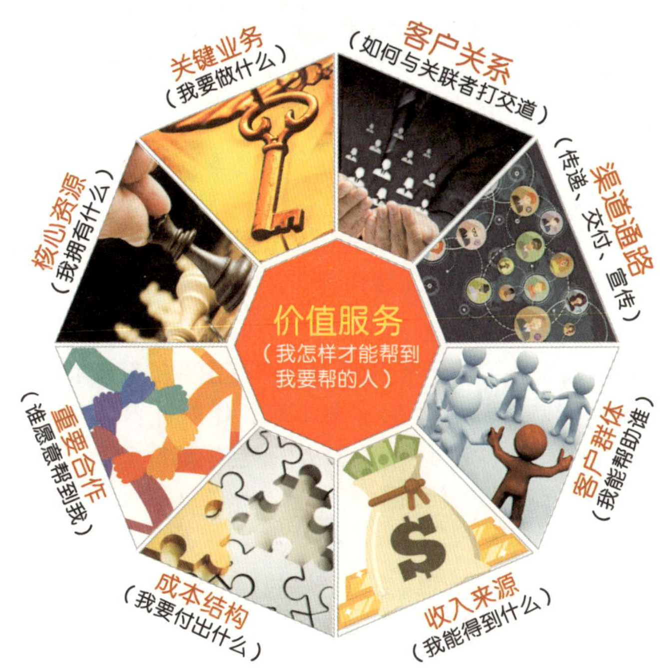

8-1 现金流、利润与财务分析

参见第93页翻转课堂情景图，团队按以下任务进行分工合作，在任务纸或大画纸上完成。

1. 什么是现金流量？什么是现金流量变化？企业现金流入主要有哪些表现？企业现金流出主要有哪些表现？企业经营活动产生的现金流量有哪些？企业投资活动产生的现金流量有哪些？

2. 现金的流入和流出对你所在企业的经营状况有哪些影响？什么是现金周转率？如何计算现金周转率？如果让你在现金流和利润率当中选择一个，你会选择哪一个？为什么？

3. 企业经营可以采取哪些战略？至少列举2种。现阶段，你认为最适合你所在企业的战略是什么？

4. 哪些企业战略与企业现金流和利润有紧密关联？在企业现金运转流程图中，哪些环节与经营紧密相关？

5. 在企业现金运转流程图中，哪些环节与投资紧密关联？哪些环节与筹资紧密关联？企业现金流与资产负债有什么关联性？为什么？

6. 什么是财务分析指标？财务分析指标大项和小项包括哪些主要内容？会计年度和财务年度有哪些异同？

7. 企业成本主要有哪些类别？你所在企业主要成本有哪些？请列举出来。根据“企业利润=总收入-总支出”公式，你认为成本与利润之间存在哪些关联性？

讨论记录区

创新创业课程资源库

案例 • 教案 • 音视频 • PPT课件 • 电子教材

策划方案 • 课程思政资料和图片 • 创业计划书

扫描二维码，学习二十大主要精神

8-1 现金流、利润与财务分析

【实训活动一】

百度商业模式分析

百度是大家都很熟悉的互联网公司，百度有百度搜索、百度百科、百度文库、百度知道、百家、百度大脑等诸多知识内容体系。那么，我们最常用的百度搜索业务的商业模式是什么样的呢？请根据前面学习的相关内容，画出并填写百度搜索的商业模式画布。

【实训活动二】

快餐店商业模式分析

餐馆是我们生活中常见的商业体，但是不同的地段，不同类型的餐馆都会有不同的用户细分。比如，写字楼附近主要是面向白领群体，学校附近主要是面向学生群体，火车站附近面向旅客等。请分析一下学校附近某一个餐馆的商业模式，画出并填写餐馆的商业模式画布。

"十四五"职业教育国家规划教材
经全国职业教育教材审定委员会审定

创新创业10步法

创新创业第八步：财务分析与风险预测

8-2 企业风险与三大报表

• 可视化翻转课堂图 •

8-2 企业风险与三大报表

A 什么是风险？

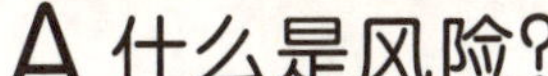

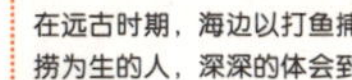

在远古时期，海边以打鱼捕捞为生的人，深深的体会到“风”给他们带来的无法预测无法确定的危险，“风”即意味着“险”，因此有了“风险”一词的由来。

A1 关于风险起源的一种说法

A2 风险，就是生产目的与劳动成果之间的不确定性。

- 风险表现为收益不确定性
- 风险表现为成本或代价的不确定性

A3 风险的性质

B 企业风险

企业经营中未来的不确定性因素对企业实现其经营目标的影响

B1 市场风险

B2 产品风险

B3 经营风险

B4 投资风险

B5 人事风险

B6 自然灾害风险

B7 购并风险

B8 外汇风险

B9 公关危机

C 利润表要素（利润表是反映企业在一定期间内生产经营成果的会计报表）

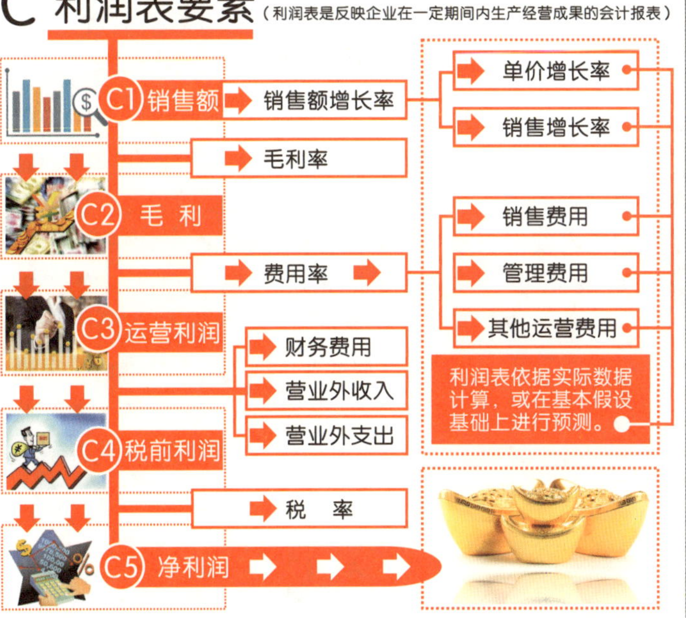

D 资产负债表要素（资产负债表也称财务状况表，表示企业在一定日期的财务状况，是企业经营活动的静态体现）

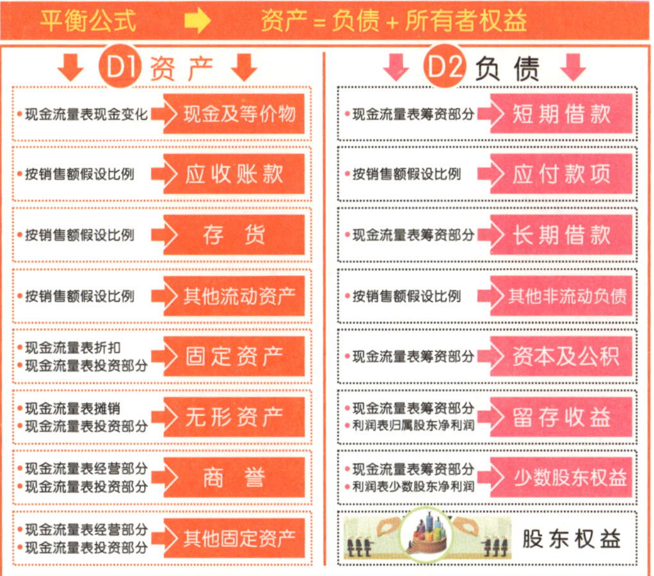

E 现金流量表

企业现金流量表是以现金为基础编制的财务状况变动表，反映了企业（会计主体）一定期间内现金的流入和流出，表明企业获得现金和现金等价物的能力。

E1 经营活动产生的现金流量

E2 投资活动产生的现金流量

E3 筹资活动产生的现金流量

E4 现金流量表常用编制方法之直接法

直接法直接确定每笔涉及现金收支业务的属性，归入按现金流动属性分类形成经营、投资、筹资三部分的现金收支项目。二者的现金流入流出净额合计就得到一个单位整个期间的现金净流量。

F 企业“三个报表”财务模型

一个企业可以负债经营，也可以亏本经营，但账面上必须有钱维持企业正常运转。现金流入不足可能会使企业由于资金短缺（资金链断裂）而倒闭，所以现金流对一个企业而言是命脉所在。

F1 现金流量表

- 用杜邦分析法进行财务质量控制
- 用综合分析法进行财务质量控制

F2 利润表 / 经营损益表

- 用资产负债平衡法进行财务质量控制
- 用数据输入假设与验证法进行财务质量控制

资产负债表

- 比较净利增长率与ROE净资产收益率进行财务质量控制
- 运用经营杠杆（运营杠杆）进行财务质量控制

8-2 企业风险与三大报表

用行动落实商业模式

【问题聚焦】

企业要获得目标用户的认同，除了需要好产品以外，还需要适量的推广、合理的销售渠道、精准的运营等等其他很多工作。简单来说，就是商业模式要能够执行，并且执行以后起到了正面的效果。一个好的商业模式，一定要根据企业的实际情况设计并实施，而不是照搬或套用其他企业已成功的商业模式。

落实商业模式的五大阶段

● 第一阶段：动员和准备。在此阶段，参与商业模式设计的人需要在一起了解商业模式的内涵和元素，以及元素之间的关系，并且整理出一套共同的语言来交流如何设计商业模式。此活动是根据初始想法（也就是商业模式的雏形）确定想要达到的目标、组建设计团队、规划项目计划。（1）关键成功因素：关键是要选择合适的人员、经验和知识进入设计团队。（2）主要风险：高估了初始想法的价值。

● 第二阶段：了解企业相关信息。在此阶段，团队人员要按照商业模式的要素要求，对商业模式所在环境做一个细致彻底的了解，充分收集相关的信息，如客户的信息，行业的信息，市场需求和痛点等，否则很容易受到预先某个想法的影响，导致研究结果不客观。主要活动是环境分析、研究潜在客户、采访行业专家、研究前人的做法、收集想法和观点。（1）关键成功因素：对潜在目标市场进行深入的调研，而不是仅仅对传统市场进行观察。（2）主要风险是设计者受到初始创意高估的影响，可能歪曲了对市场的感觉，夸大或者减小了某些因素的影响，或者研究过度，使研究和目标之间脱节。

● 第三阶段：构建和测试可行的商业模式可选方案。此阶段，将之前两步得到的信息组合起来，并且按一定的思路转化为可执行的商业模式策略。本阶段的主要挑战是决策者要始终保持设计大胆新颖的商业模式的决心，关键是要求不同类型和部门的人一起基于之前的调研，以头脑风暴的形式参与设计。主要活动是头脑风暴、制作原型、测试、选择。（1）关键成功因素：与来自公司不同部门的员工一起设计；透过现状看本质的能力；投入时间，探索多种商业模式。（2）主要的风险则是可能没有深入探讨，过早出现结论，低估或者打压大胆想法、过快“钟情”于某个想法忽略了一些好的想法。

● 第四阶段：实施阶段。一旦确定了商业模式，就要开始着手在实际环境中实施商业模式原型，包括确定所有项目，制定各个阶段的里程碑，节点等，这时候的关键是团队要有好的执行力和沟通力。本阶段主要活动是交流和参与、执行。（1）关键成功因素：最佳项目管理、快速调整商业模式的能力和意愿、平衡好旧模式和新模式。（2）主要风险是管理者认为商业模式已经设计好了，出现积极性降低和麻木的现象。

● 第五阶段：管理和调整阶段。通过商业模式执行实践中，对已建立的商业模式进行持续不断的监测、评估和调整。管理阶段意味着需要不断评估模式、审视环境，来理解这种模式在未来长远阶段会受到外部因素怎样的影响。管理和调整阶段的主要活动是分析环境、持续评估你的商业模式、换一角度思考你的商业模式、调整商业模式、配合企业整体战略、处理模式间的协同效应和冲突问题。（1）关键成功因素：目光长远、积极主动、商业模式的管理。（2）主要风险：成为成功的牺牲品，满足于现状而未能及时作出调整。

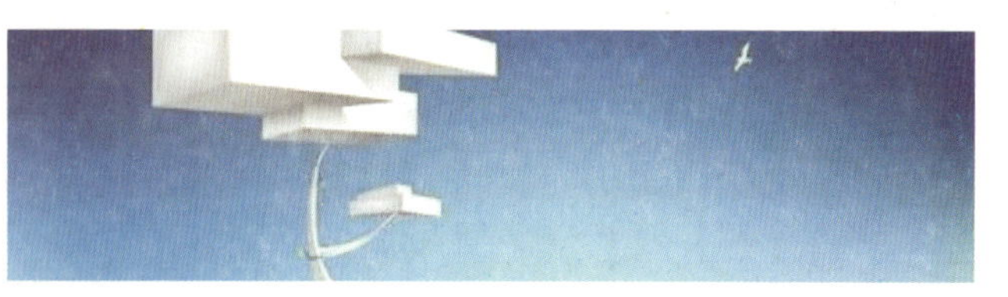

8-2 企业风险与三大报表

商业计划书主体结构

商业模式是商业计划书密不可分的一部分，而商业计划书是企业把商业模式传递给合作伙伴的一个重要桥梁，无论是我们向投资机构融资，还是向银行等债权人去融资，或是招聘员工、与合作伙伴洽谈合作等，如果我们有一份清晰的商业计划书，会大大增加受众对企业的印象分。商业计划书除了要讲清楚商业模式以外，最重要的是要解决商业模式的落地问题。商业计划书的内容可以分为六个部分：

● 第一部分 执行摘要。执行摘要是商业计划书第一部分的内容，但这部分往往需要在最后才能完成。在这一部分，创业者要用最精练的语言把商业计划书的执行摘要用一页PPT表达出来，因为不是所有人都有充足的时间去描述完整的商业计划书，执行摘要有助于帮助企业用最短的时间给受众留下深刻的印象。执行摘要主要是要将这些核心要素表达出来——你通过什么样的路径、提供什么样的产品与服务、具备什么差异化、解决用户什么样的需求、企业的使命和愿景是什么。

● 第二部分 市场洞察。市场洞察就是创业者对这个创业项目最原始的思考：企业抓住什么样的市场机会，满足了用户的什么需求与痛点。严谨的市场洞察对于商业项目非常重要，也能增加受众对项目的认知与认可。一般的市场洞察主要从两部分展开：一部分是围绕行业趋势，一部分围绕着用户需求。体现在商业计划书中的两部分：一部分是行业分析（行业概述、行业发展的历史回顾、现状以及发展趋势、行业的市场容量、销售增长率现状与趋势预测、行业毛利率、净资产收益率现状及发展趋势预测等），一部分是用户分析（产品面向的用户是谁？他们在哪里？他们有什么样的特征？他们有什么样的需求？之前他们的这些需求是如何被满足的，存在什么不足？）

● 第三部分 商业模式。商业模式部分的具体内容有：（1）价值主张。包括：计划通过什么产品来解决客户的难题？产品能满足客户的哪些需求，可以给用户带来哪些改变？产品如何去服务用户？使用你的产品，他们获得了什么好处或便利？（2）主要渠道。包括：计划通过什么渠道宣传你的价值主张？该渠道具备哪些优势？（3）客户关系。包括：项目与目标客户群体之间应建立何种关系？建立这些关系的难度和成本是什么？（4）产品壁垒。包括：产品或服务拥有哪些技术壁垒，使得其他企业很难抄袭？

● 第四部分 核心资源与能力。创业团队具有什么样的资源以及什么样的能力，这个部分需要对创始人团队的背景有详细的阐述，创始人是商业模式转化为现实的基础。一般投资人判断一个企业是否靠谱、是否值得投资主要取决于两个要素，第一个是事，第二个是人。商业模式只能说明我们是不是在做一件比较靠谱的事，而不能说明这件事情是否能做成。是否能把事情做成的重点其实是人，是创始团队。

● 第五部分 业务规划与财务预测。业务规划分两部分，一部分是定性的，一部分是定量的，定性的部分是在产品研发、供应链、品牌、销售以及服务上，各个业务环节都要有一个能够让投资人信服的具体规划。定量的部分是指核心的业务指标，比如对用户数量、流量、销量要有一个预测。基于企业的业务规划，我们还需要构建财务模型，要针对未来五年有一个详细的财务预测，对收入、成本、费用、利润都要有相对来说比较精准的估计。

● 第六部分 融资与资金使用计划。融资计划的核心是要确定企业的估值、股权的出让比例、融资的金额以及对投资人类型的要求，但是为了让企业的估值更有说服力，一般会在商业计划书里面加上与相近企业的对标研究，比如同行业企业的收入、利润与估值，这是我们对自己企业进行合理估值的重要依据，过高的估值会把投资人吓走，过低的估值则会损害创业者的利益。

• 可视化翻转课堂图 •

8-2 企业风险与三大报表

翻转课堂情景任务

参见第99页翻转课堂情景图，团队按以下任务进行分工合作，在任务纸或大画纸上完成。

1. 什么是风险？关于风险起源有哪些说法？风险具备哪些性质？这些性质和企业经营有什么关联性？什么是企业风险？企业风险主要有哪些？

2. 民营企业在市场、产品、经营等方面会面临哪些风险？在销售额中，需要进行基本假设的要素有哪些？

3. 计算费用率涉及的要素有哪些？计算税前利润要涉及哪些要素？计算净利润涉及的要素有哪些？利润表各要素和企业经营风险有什么关联性？

4. 什么是资产负债表？资产负债表包括了哪些主要内容？企业资产包括了哪些主要内容？企业负债包括哪些主要内容？企业所有者权益包括哪些主要内容？

讨论记录区

创新创业课程资源库

案例 • 教案 • 音视频 • PPT课件 • 电子教材

策划方案 • 课程思政资料和图片 • 创业计划书

扫描二维码，学习二十大主要精神

8-2 企业风险与三大报表

实训一

举例阐述：什么是利润表？请根据企业情况填写以下利润表：

利润表

年　月

编制单位：

项　目	行次	本月数	本年累计数
一、主营业务收入	1		
减：主营业务成本	2		
营业费用	3		
主营业务税金及附加	4		
二、主营业务利润	5		
加：其他业务利润	6		
减：管理费用	7		
财务费用	8		
三、营业利润	9		
加：投资收益	10		
补贴收入	11		
营业外收入	12		
减：营业外支出	13		
加：以前年度损益调整	14		
四、利润总额	15		
减：所得税	16		
五、净利润	17		

单位负责：　　财会负责人：　　复核：　　制表：

实训二

【商业计划书大纲设计】

商业计划书的大纲设计本身就是内容梳理的过程，在进行大纲设计之前，也许想法还很模糊，通过大纲设计，就可以进行记录与梳理，使你的想法更加清晰。你有什么创意想法吗？想不想把它变成一个商业项目呢？以小组为单位，按照所学的知识，给你的创意设计一个商业计划书的大纲，并总结出这份计划书的执行摘要。

经全国职业教育教材审定委员会审定

创新创业课程资源库

案例 • 教案 • 音视频 • PPT课件 • 电子教材

策划方案 • 课程思政资料和图片 • 创业计划书

扫描二维码，学习二十大主要精神

创新创业

10步法

创新创业第九步：资源整合与创业融资

9-1 了解企业资源与企业发展阶段

9-1 了解企业资源与企业发展阶段

A 企业资源有哪些?

A1 企业外部资源

A2 企业内部资源

B 关于企业核心资源

企业核心资源是指有价值稀缺的，不能被第三方企业和个人完全模仿和完全替代的资源。

核心资源是企业保持持续竞争优势的核心能力

C 企业与团队项目要有胜人一筹的盈利模式

成功的盈利模式要能提供独特价值。

有时候这个独特的价值可能是新的思想；而更多的时候，它往往是产品和服务独特性的组合。这种组合要么可以向客户提供额外的价值，要么使得客户能用更低的价格获得同样的利益，或者用同样的价格获得更多的利益。

胜人一筹的盈利模式是难以模仿的。

成功的盈利模式是脚踏实地的。脚踏实地就是实事求是，就是把盈利模式建立在对客户行为的准确理解和假定上。

D 企业与团队项目要有自己掌握的关键资源支撑

E 企业发展的几个阶段

生存 企业在生存阶段是属于原罪的过程，乱一点是可以的，日行一善，每天都有一点变化，每个后面开的店都比前面的店标准化程度高（人为操作要弱，机械化程度要高，如若各怀心思，最靠不住的就是人。越能奉献的人越有价值，也越有成就感）。企业创建初期采取的大多是业主式做法，以市场为导向，以卖出商品的多少来考量结果。

发展 一个可持续发展的企业要满足：（1）独特而统一的形象；（2）有高管退出机制；（3）建立人才复制系统。一个可持续发展的企业要有清晰的发展战略、独特的商业模式、有符合企业发展阶段的管理系统或管理结构。企业发展阶段追求的是效率，开始有职能部门，这个时候是以利润为中心的。

规范 企业到了规范阶段，追求的是市场占有率和现金流，企业职能部门越来越细，运营、供应、物流等部门健全而规范。

量化 企业到了量化阶段，开始建立行业标准，开始有直线职能部门，控制系统当中主要是系统管理（通常达到10亿以上规模后），企业这个阶段往往遇到的主要问题是人。规范管理是以数字为基础的，对关键的决策点及操作流程，以求对事物存在和发展的规模、程度等做出精确的数字描述和科学控制，实行标准化操作的管理模式。

多元化 多元化分为跨界多元化（美的集团）、非跨界多元化（平安集团）和混合多元化（中粮集团）。多元化阶段的企业同时经营两种以上基本经济用途不同的产品或服务。多元化战略是相对企业专业化经营而言的，其内容包括：产品的多元化、市场的多元化、投资区域的多元化和资本的多元化。多元化是把双刃剑，运用得当能成为超大型企业，运用不当企业经营风险极大。

9-1 了解企业资源与企业发展阶段

创业项目商业呈现

【问题聚焦】

项目路演的本质是一场公开演讲，短至1分钟、3分钟、10分钟，长至一两个小时甚至更长，是一个创业者向众多风险投资方展现自己的产品和发展以吸引投资人进行投资的过程，它考验的就是创业团队如何有效利用路演时间、把握节奏、突出重点。对于初创公司和创业项目来说，进行有效的项目路演是获得更多关注和支持、并获得融资的最佳途径，同时，它也能够帮助创业者团队以及项目发展积累宝贵的经验。项目演讲者的状态直接决定了创业团队能否简单明了地表达项目优势、打动台下的观众和投资人。可以说，准备一场高质量的项目路演，是创业团队必不可少的功课。那么，创业者在获得宝贵的路演机会后，应做好哪些准备呢？

策划可落地的项目路演执行方案

1. 路演的形式

路演指在公开场所进行演说、演示产品、推介理念，以及向他人推广自己的公司、团队、产品、想法的一种方式。按照路演的目的来划分，可以分为以下几种形式：

- IPO上市前路演

  IPO是指一家公司首次公开募股。
- 融资路演

  初创项目或企业因发展需要向投资者募集资金进行的项目介绍。
- 创意路演

  在校大学生的创业项目公开演说或者一些创意大赛的现场演说。
- 参观型路演

  一些行业当中较为知名的企业，在参观团队来临之际进行的针对企业的产品或者技术进行的演讲。
- 现场展示型路演

  为了更好的展示技术或者产品在演说过程当中进行现场展示，让用户更加了解你的技术或者产品。
- 企业沙龙型路演

  小范围的一次产品介绍会议，针对性较强。

2. 大学生创业融资的路演渠道

参加创新创业大赛。近几年来，各类创新创业大赛迅猛发展，大学生参加报名创新创业大赛，可以积累经验、打磨项目，获得诸多路演展示与资源对接的机会。获奖团队一般除了获得不同额度的奖金之外，还有机会获得政府专项资金支持及投资机构的投资。

- 政府机构

目前，在全国创新创业的热潮下，很多地方和政府都出台了支持大学生创新创业的相关政策，每年也会定期举办针对中小企业的专题服务活动，比如与投资机构、金融机构、财税法律机构对接的活动。大学生创业者只要留意相关政府部门的活动通知即可免费报名参加。

- 创业项目沙龙

大多数的创业园区、众创空间、孵化器等都会定期或不定期地举办创业者与投资人的沙龙、培训、融资路演等活动，有融资需求的大学生创业公司都可以报名参加。

- 网上路演

随着社会的发展，路演的形式延伸到了互联网上。相对于上述路演形式，网上路演不受地域及时间的限制，可以帮助创业企业同时对接多个投资机构。对于投资机构来说，这种方式也有利于对接和筛选优质项目，节约了时间和其他成本，并且企业可以将大量公司资料放在网上，供顾客和投资机构反复查阅，浏览，企业大学生创业者可以通过社交群或在线视频等互联网方式对项目进行讲解。

9-1 了解企业资源与企业发展阶段

3. 策划路演执行方案

创业公司参加路演是一种对接投资人的直接路径，然而路演过程中往往不只创、投双方，还有同台路演的其他创业者和普通观众，这就对路演者提出了更高要求。通常路演时间都在 5-7 分钟，因此如何利用五分钟的演讲时间，充分展现创业公司亮点，是一场成功路演的关键。

● 路演调研与报名

根据项目特点，选择参与路演的渠道。与主办方沟通整体路演活动具体时间、地点、流程等信息；并通过各种渠道调查路演面向的观众、参与的投资机构、其他创业公司、评委等因素，在对各因素调查的基础上，确定是否要参与本次路演。

● 总结产品亮点

乔布斯推广 Macbook Air 时称它为“世界上最薄的 Macbook”，阿里巴巴的自我定位是“让天下没有难做的生意”，用一句 slogan（口号、广告语）把产品的亮点展示出来。

● 路演内容设计

资料一般包括纸质版商业计划书（内附名片或联系方式），需要对团队情况（过往经历、合作分工、股权结构、期权池）、商业模式、业务进展、成本结构、融资规划、结合接下来的业务进展制定的资金使用计划、未来三年经营预测、上市计划或退出计划等内容加以细化，要避免过于简略、大字、需要旁人充分展开联想的介绍方式。

路演时需兼顾感性和理性、情怀和商业，才能引发聆听者共鸣，建议演讲者不要直接使用商业计划书来演讲，而是根据商业计划书提炼设计一份清晰简洁的路演材料，多用 PPT 形式呈现，这有助于创业者凝练演讲，抓大放小，把区别于其他路演者的优势重点传递给投资人。在设计 PPT 时，可以根据你的项目大纲，梳理自己的观点，分清项目的重点和次重点，并据此安排路演中每部分需要花费的时间。如果能有一段客户应用场景的视频来展示整个商业模式就更好了，这能有效缓和紧张、压抑的现场气氛。

● 人员及分工

根据演讲内容确定主讲人。一般由创始人负责主讲，但如果创始人不善演讲，可以由合伙人进行项目展示，创始人作为旁听者。在演讲时，遇到业务和财务数据介绍不清楚的时候，创业团队中的专业人士要及时出来解释，但切忌粉饰业绩，一旦在随后尽职调查的过程中被打上“不诚信”的标签，再好的项目也会被一票否决。对投资人来说，企业的道德操守是不可触犯的天条。在必要时进行演讲内容补充。

● 路演风险评估与方案论证

在以上内容设计完成后，创业团队要对内容的合理性和可行性进行充分的论证与演练，及时识别可能存在的风险，提前采取防范措施。

【实训活动之路演信息收集】

以小组为单位，尽可能全地收集你所在的区域内有哪些路演渠道？他们的报名条件分别是什么？

1.路演渠道（主办方是谁？）
2.报名条件（对项目或参加路演有什么要求？）
3.举办时间（具体时间或举办的期数、次数）

9-1 了解企业资源与企业发展阶段

参见第105页翻转课堂情景图，团队按以下任务进行分工合作，在任务纸或大画纸上完成。

1. 企业的内、外部资源有哪些？你所在的企业和项目团队有哪些内、外部资源？有哪些资源是可以内、外相互转换的？

2. 什么是企业核心资源？评估一下你所在企业和项目团队或自己个人掌握了哪些核心资源？

3. 企业能利用的资源是能够打造成功盈利模式的，成功盈利模式在产品方面如何塑造独特价值？什么是难以模仿和脚踏实地的盈利模式，你所在企业和项目团队如何做到？

4. 资本、知本、智本与关键资源（核心资源）有什么关联性？数据、信息、知识、能力、智慧与关键资源（核心资源）有什么关联性？如何整合资源？整合资源是整合核心资源还是边际资源？为什么？

5. 企业生存阶段有什么特点？请对自己所在企业和项目团队的生存阶段会遇到何种情况作出预测？

6. 企业发展阶段有什么特点？自己所在企业和项目团队能否走到发展阶段？为什么？什么时候能走到发展阶段？

7. 企业规范化阶段有什么特点？自己所在企业和项目团队能否走到规范化阶段？为什么？什么时候到规范化阶段？

8. 企业量化阶段有什么特点？自己所在企业和项目团队能否走到量化阶段？为什么？什么时候到量化阶段？

9. 多元化对一个企业而言是利大于弊还是弊大于利？自己所在企业和项目团队将来能否走多元化的道路？为什么？什么时候能发展多元化？

呈现一场高质量的项目路演

一场精彩的项目路演是实现创业者与投资人零距离对话、平等交流、专业切磋的重要方式，可以促进创业者和投资人的充分沟通和深入了解，最终推动创业项目的融资进程。相对于其他的演讲，项目路演具有更大的挑战性，那么，如何才能向投资人呈现一场高质量的路演呢？

1. 提前演练

在正式路演前，建议演讲者提前进行演练，做到严格控制路演时间。预演可以让创业团队理顺思路，强化路演的感觉。通过预演，可以对演讲过程提出各种修正，帮助演讲者把控路演时间，让路演传达的信息更精炼和明确，提高路演的信息传达效率，避免路演时出现超时、内容混乱等尴尬场面。

2. 仪容仪表

演讲者路演前要确保睡眠充足，保证演讲当天的精神面貌，虽然不是所有的路演活动都要求演讲人正装出席，但是着装得体是基本要求。因此，在正式路演时，创业团队一定要严格遵守路演活动的仪容仪表要求，演讲者服装颜色搭配不超过三种，注意自身整洁，没有体味，举止得体，呈现饱满的精神状态，给评委营造良好的第一印象。

3. 演讲内容

演讲的内容是路演的根基，演讲者要对项目有充分的理解和认知，形成一条逻辑清晰的演说台词路径，演讲时要抓住要点，具备强逻辑性。要实事求是、诚恳地、真实地说出企业的现状，不要回避问题。在内容上，创业团队需要注意三点：第一是要抓住要点，具备强逻辑性。第二是要符合路演主题。第三是要排练定型，创业团队一定要提前多排练，保证对内容熟悉到倒背如流。

9-1 了解企业资源与企业发展阶段

4. 语音语调语速

语音就是要发对音，语调就是要有感情，语音和语调的控制主要目的在于路演者需要声情并茂地将路演信息和要点传达给听众，更易于听众接受和理解。

语速，则有两方面的考虑：一是听众能够清楚地了解路演者传达的信息要点；二是保持路演时的节奏感，在指定时间内不急不缓地完成一场完整的路演。在语速方面我们需要注意以下两点：第一点，将语速保持在正常语速130字/分钟左右，该快的时候快点，该慢的时候慢一些，做到抑扬顿挫、快慢结合。第二点，精准评估路演的时间，比如做一场8分钟的路演，就一定要根据时间准备内容，然后根据要点调整语速，以使整场路演看起来较为完美。

5. 肢体语言

肢体语言就是利用人的身体部位，通过与话语协调一致来传达人物的思想，比如手势、面部表情等。恰当地应用肢体语言，可以让观众感受到你无时无刻在关注着他们。在肢体语言的应用上，演讲者与观众间最基本的肢体语言就是眼神的交流，这能够让观众感受到你对他们的重视，增强观众的存在感。在这个过程中，演讲者不要过分依赖PPT，而是要让PPT为你服务，可随时与评委眼神交流，对现场气氛要有敏锐的洞察力，善于捕捉评委兴趣点，时刻调整演讲的顺序和语言；其次保持开放的姿态，表明自己与观众之间没有任何障碍物；最后，在演说过程中，演讲者要适度运用手势。手势与语言合理搭配，能够反映出路演者思维的清晰程度，与听众更好地互动。

6. 演讲站位

演讲者在台上的站位会影响到观众的整体观感，以及路演的呈现效果。路演如何站位，并没有标准答案，因为演讲者的具体站位，会受到现场场地、设备等很多因素的影响。路演站位的基本原则：第一，无遮挡原则：演讲者要确保自己不会遮挡到PPT或者被其他物体过度遮挡。第二，照顾全场原则：演讲者站定的位置，可以看到全场的大部分听众，同时也可以让大部分观众能够看到。第三，稳定自然原则：在台上演讲时，演绎者可以在站位相对固定的情况下，自然调整，环顾全场。

7. 回答投资人提问

路演时，演讲者要预留充足的时间与投资人进行互动交流，回答投资人提问。投资人的建议往往都是宝贵的，多几次路演的经验对创业者逻辑表达能力的提升很大。因此，在回答投资人提问时，要随机应变，表现出对于项目的信心，特别是针对企业核心优势的提问，是很好的表现时机。创业团队切记不要把投资人提问当成挑战，投资人的发问正说明对项目感兴趣。此时，创业团队应该利用解决信息不对称的机会拉近与投资人的距离，促进双方加深了解，以促成合作。

【实训活动：路演专家或投资人可能问到的问题】

请同学们以小组为单位，根据项目特点，设想一下，假如投资人根据项目提出这些问题，你会如何回答？

Q：你们是如何吸引用户、积累用户的？

Q：你们是如何盈利的？

Q：你们的业务流水怎么样？毛利大概在多少？

Q：市场上有没有跟你们相似的产品？

Q：本阶段融资后，你们下一步要做什么？

经全国职业教育教材审定委员会审定

创新创业课程资源库

案例 ● 教案 ● 音视频 ● PPT课件 ● 电子教材

策划方案 ● 课程思政资料和图片 ● 创业计划书

扫描二维码，学习二十大主要精神

创新创业10步法

创新创业第九步：资源整合与创业融资

9-2 创业计划书与融资渠道

9-2 创业计划书与融资渠道

A 创业计划书策划与撰写

创业方案包括创业计划书、商业计划书等。创业计划书是由创业者策划和制订的，重心在于创业的计划与各阶段、各环节如何落地实施。商业计划书主要是给投资者看的，重心在于如何打动投资者，创业者如何能够成功融到资。

A1 计划书封面

- 封面的标题（项目名称）一定要比较特别，容易引起人的注意和兴趣。如“在路上咖啡屋”创业计划书、“趣干嘛”创业计划书、“包租侠”奢侈品置换平台创业计划书。标题可以主标题加副标题，主标题一定要显著。
- 如果封面项目标题和互联网有关系，最好加上“互联网+”的字样。
- 封面不要复杂，但要有一些设计感，适当加一点又视觉效果的图片，或是自己设计的项目LOGO。

A2 计划书目录

- 简单，要有些设计感
- 排版美观、舒展
- 每行页数标号要整齐

A3 主要内容（计划书主体结构参考）

A3-1 项目目标设定

- 行业目标及实现的时间
- 产品或服务实现的目标
- 用相关数据描述行业和产品生命周期
- 目标用户描述（已经、潜在、重点）

A3-2 问题

- 项目、产品或服务解决什么问题?
- 解决的是大问题（强痛点）、中问题（中痛点）还是小问题（弱痛点）?
- 公司、团队和项目存在哪些问题? 解决对策是什么?

A3-3 解决问题的方案

- 产品或服务如何让目标用户觉得“值”?
- 产品或服务如何让目标用户觉得“好用”?
- 产品或服务如何让目标用户觉得“好玩”?
- 用一句话描述解决这个问题的方案

A3-4 时机

- 进入时机评估
- 遇不利情况的应对策略

A3-5 市场份额

- 市场现状描述
- 市场预测
- 本企业、项目或产品的市场地位和市场份额
- 本行业发展程度评估与发展动态评估
- 如何带动就业?

A3-6 竞争情况

- 主要竞争对手
- 差异性比较
- 如何比竞争对手做得更好?

A3-7 商业模式

- 利益相关者交易结构解析
- 接触点服务解析
- 商业模式解析（定位、业务系统、关键资源能力、赢利模式、现金流结构）

A3-8 产品

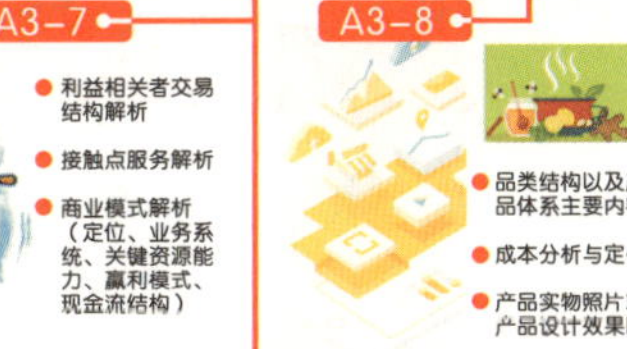

- 品类结构以及产品体系主要内容
- 成本分析与定价
- 产品实物照片或产品设计效果图

A3-9 资本结构

- 资金筹集和使用情况
- 融资方式
- 融资前后的资金使用表

A3-10 团队结构

- 创始核心团队成员特长介绍
- 团队组织结构及重要成员职务与分工
- 创始团队成员股份比例

A3-11 收入结构

- 收入来源（自建图表解析收入构成）
- 自建表格预测一个财务年度（12个月）的收入状况

A3-12 财务分析

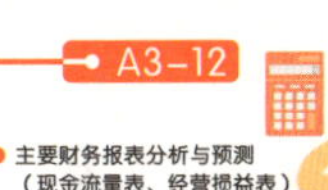

- 主要财务报表分析与预测（现金流量表、经营损益表）
- 投资的退出方式设计

A4 注意事项

- 计划书主要内容12个部分不要平均用力，有详有略，总页数 30–50 个P为适合，Word文档，内容字号小四，宋体仿宋皆可，段落小标题用四号黑体字，封面字号字体根据版面情况定。做计划书不要用PPT，路演时才需要做PPT。
- 文字尽量用自己的语言写，不要直接从网上Copy下来，即使部分使用网上粘贴的文字，也要把网上的软回车符变成Word文档特有的硬回车符。
- 如有页眉和页尾，内容排版基本原则是“上不顶天，下不踩地”，即每页文字最上行不顶着页眉线，每页文字最下行不要贴着页尾线。

B 创业计划书财务部分

B1 启动资金 = 初始投资 + 流动资金

- 经营场所投资：购买、自建、租房、在家，计算固定投资。
- 设备设施投资：生产经营用机器、工具、工作设施、车辆、办公家具。
- 开办费（开业前发生的一次性支出）：市场调研、培训费、差旅费、印刷费、注册登记费。

B2 启动资金预测

- 表一：开办费
- 表二：资产投资
- 表三：流动资金
- 表四：启动资金

实体类项目预备金至少准备3个月，服务及其他项目预备金准备6个月。

B3 销售收入预测

- 表五：销售收入预测表

B4 销售成本计划

- 表六：销售成本预测表

B5 利润计划

- 表七：利润预测表

B6 现金流量计划

- 表八：现金流量预测表（不得出现负数）

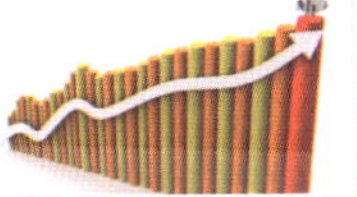

C 融资渠道

C1 债务融资 此类融资需要还本付息

创业债务融资要避免“套路贷”“断头贷”“高利贷”陷阱

C2 股权融资

股权融资不需要还本付息，只需要在企业盈利的情况下分红，有的需让渡企业的管理权。

D 如何识别不靠谱的投资人？

D1 没钱还乱约创业者

D2 已经投资了你的对手还把你叫过去问数据

D3 集体决策，拖而不决

D4 先签排他协议再拦腰砍价

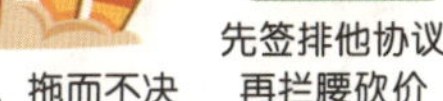

D5 没创过业的创业导师自诩专家，事事都要管

D6 条款眼花缭乱还带英文陷阱、炸弹暗藏其中

D7 表面讲格局，暗地要利益

D8 自以为是地搞出一堆对赌条款

D9 吹嘘背景关系实际形同骗子

D10 威胁恐吓，要求估值打折

9-2 创业计划书与融资渠道

参见第111页翻转课堂情景图，团队按以下任务进行分工合作，在任务纸或大画纸上完成。

1. 结合实际或模拟的创业项目，设计一个《创业计划书》的封面。

2. 结合实际或模拟的创业项目，设计一个《创业计划书》的目录。

3. 结合实际或模拟的创业项目，用500字对项目特点进行重点突出的简明扼要描述。

【实训活动：模拟路演】

以小组为单位，根据你们的创业项目内容，采用“3+2”的模式进行为时5分钟的项目路演活动，其中陈述汇报时间3分钟，评委提问时间2分钟。

（评委由老师和每组抽调一名组员组成），最后评出最佳项目奖和最佳演说奖 各一名，奖励10万模拟投资资金。路演完成后，根据自己所在组 的路演表现，总结在本次路演活动中存在的问题。

问题反思与总结

第一次模拟路演出现的问题及改进思路：

第二次模拟路演出现的问题及改进思路：

第三次模拟路演出现的问题及改进思路：

9-2 创业计划书与融资渠道

【案例分析】

“奇妙问答”案例

奇妙问答专注于娱乐问答，是以烧脑问答为核心的娱乐生活休闲社区。用户可以在奇妙问答提出任何问题，感兴趣的妙友可以进行互动回答。

提问与回答：发现每个人的特长，每个人都可以回答问题。

Q：你们是如何吸引用户、积累用户的?

A：一开始，我们是全靠自己人工推的，500 个问题自己发出来，自己回 复；慢慢人气上来后，我们把问题的相关提醒做好，比如有人回答问题、上榜、邀请等，每天给用户精准推送不同的内容；再一个就是对问题和内容严格把关，把跟用户的互动做好。

Q：你们是如何盈利的?

A：广告会是我们盈利的重要来源。我们可以有一些页面推广的硬广告，也可以和企业诸如肯德基合作一些软广告。此外我们还可以通过妙妹、妙哥的 回答来获取用户的打赏，这也是一个可以运作的收入点。

Q：你们的业务流水怎么样？毛利大概在多少?

A：一个月流水在五六十万左右，目前毛利维持在35%。

Q：市场上有没有跟你们相似的产品?

A：有些相似的产品，不过和我们的区别还是明显的。他们更多的是综合 性的问题，而我们则是面向娱乐休闲的。我们在线就可以对 App 和网站进行编 辑，几乎不需要做任何的修改。

Q：本阶段融资后，你们下一步要做什么?

A：主要围绕三个方面：一是品牌推广，这是最主要的一个方面；二是增大市场营销力度，扩大用户基数；三是根据市场需求，研发新品，保障市场持续发力。

［案例来源：http://www.100tmt.com/news/news_7185.shtml?open_source=weibo_search］

回顾与反思

参照“奇妙回答”案例，比对第109页的回答情况，进行总结与反思。

课程思政

团队讨论：

在创业融资过程中，如何理解诚信和友善?

9-2 创业计划书与融资渠道

创业计划书财务部分-1

参照第111页《9-2 创业计划书与融资渠道》情景图B中的B1、B2，完成以下任务并上台翻转课堂。

- 什么是启动资金？启动资金主要由哪些构成？

- 结合实际或模拟的创业项目，填写以下启动资金预测之《开办费》

表一：启动资金预测之《开办费》

项　目	费用（元）	备　注
咨询服务费费		
注册费用		三证合一自办免费、刻章（法人章、公章等）
平台开发费		
场地装修费		
押金或保证金		
差旅费		
前期宣传推广费		
市场调查费		
合　计		

● 结合实际或模拟的创业项目，填写以下启动资金预测之《资产投资》

表二：启动资金预测之《资产投资》

1. 场地及建筑物

名 称	数 量	单位	单 价	总费用（元）
土地（地皮）		㎡		
厂房/写字楼（购买）		㎡		
办公室/厂房（租）装修		㎡		
合计				

2.设备

生产机器（具体名称及型号）	数 量	单位	单 价	总费用（元）
生产机器	合计			
运输设备（具体名称及型号）	数 量	单位	单 价	总费用（元）
运输设备	合计			
办公设备（具体名称及型号）	数 量	单位	单 价	总费用（元）
办公设备	合计			
各种设备设施合计				

固定资产折旧

项 目	价值（元）	残值率	折旧年限	年折旧（元）
1. 场地及建筑物				
2. 生产机器				
3. 运输设备				
4. 办公设备				
合 计				
	月折旧额			

初始投资（资产投资+开办费）	合计　　　　　　　　　　　　　元

无形资产与开办费摊销

项　目	价值（元）	年摊销（元）
1. 无形资产		
2. 开办费		
合　计		
月摊销		

● 结合实际或模拟的创业项目，填写以下启动资金预测之《流动资金》

表三：启动资金预测之《流动资金》

用于原材料和包装的流动资金				
项 目	数 量	单 位	单价（元）	总费用（元）
合　计				

材　料	供应商	地址	电话或传真

● 结合实际或模拟的创业项目，填写以下启动资金预测之《启动资金汇总表》

表四：启动资金预测之《启动资金汇总表》

项 目	金 额	备 注
1. 场地投资		
2. 设备投资		
3. 开办费		
4. 流动资金		
合 计		

● 根据以上表一、表二、表三、表四的填写，请评估一下项目启动资金状况和来源。如果存在资金短缺，短缺多少？可以通过什么渠道筹集？在多长时间内能筹集到？

9−2 创业计划书与融资渠道

融资渠道 参照第111页《9−2 创业计划书与融资渠道》情景图C中的C1、C2，完成以下任务并上台翻转课堂。

1. 债务融资有哪些渠道？哪些渠道适合你的创业项目融资？

2. 股权融资有哪些渠道？哪些渠道适合你的创业项目融资？

3. 讲述一个创业者债务融资的故事，从故事当中你学习或领悟到了什么？

4. 讲述一个创业者股权融资的故事，从故事当中你学习或领悟到了什么？

创业计划书财务部分-1

参照第111页《9-2 创业计划书与融资渠道》情景图B中的B3-B6，完成以下任务并上台翻转课堂。

- 结合实际或模拟的创业项目，填写以下销售收入预测之《销售收入预测表》

表五：销售收入预测之《销售收入预测表》

产品	小项　　月份	1月	2月	3月	4月	5月	6月	7月	8月	9月	10月	11月	12月	合 计
	销售数量													
	平均含税价													
	月销售额													
	销售数量													
	平均含税价													
	月销售额													
	销售数量													
	平均含税价													
	月销售额													
	销售数量													
	平均含税价													
	月销售额													
	销售数量													
	平均含税价													
	月销售额													
	销售数量													
	平均含税价													
	月销售额													
	销售数量													
	平均含税价													
	月销售额													
	销售数量													
	平均含税价													
	月销售额													
合 计	销售总量													
	含税销售总收入													
	销售净收入													
现金销售收入														
备用数据	销量增长率													

- 以上销售收入预测能否实现？与实际差距可能有多大？请给予基本评估。

● 结合实际或模拟的创业项目，填写以下销售成本计划之《销售成本预测表》

表六：销售成本计划之《销售成本预测表》

类别 \ 小项 \ 月份		1月	2月	3月	4月	5月	6月	7月	8月	9月	10月	11月	12月	合 计
成本项目1	原材料													
成本项目2	房租													
成本项目3	水电费													
成本项目4	工资													
成本项目5	营销推广费用													
成本项目6	折旧费													
成本项目7	摊销													
成本项目8	通信网络费													
成本项目9	运杂费													
成本项目10	办公费及耗材													
成本项目n	其他费用													
汇总	运营成本													

工资、薪金所得个人所得税税率表

级数	当月应纳税所得额	税率（%）	说明
1	5001元-8000元	3	扣除免税部分
2	8001元-17000元	10	扣除免税部分
3	17001元-30000元	20	扣除免税部分
4	30001元-40000元	25	扣除免税部分
5	40001元-60000元	30	扣除免税部分
6	60001元-85000元	35	扣除免税部分
7	85001元-没有上限	45	扣除免税部分

● 工资金额5000元内，免征税。专项附加扣除金额请另行查询。《工资薪金所得个人所得税率表》如有变动，以国家公布最新数字为准。

● 结合实际或模拟的创业项目，填写以下利润计划之《利润预测表》

表七：利润计划之《利润预测表》

明目 \ 月份	1月	2月	3月	4月	5月	6月	7月	8月	9月	10月	11月	12月	合 计
净销售收入													
月运营成本													
月利润													
企业所得税（公司）													
个人所得税													
净利润（税后）													

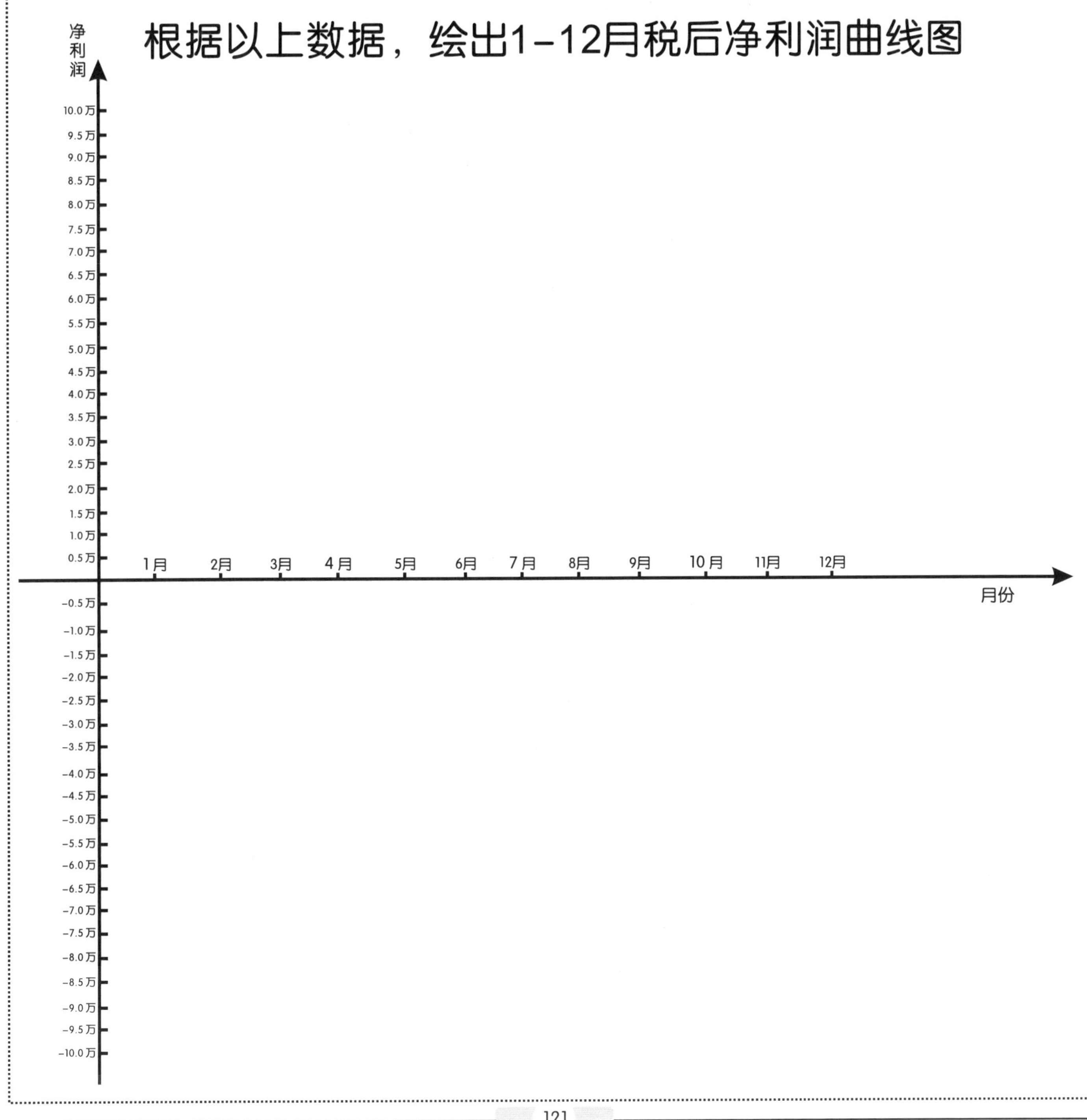

● 结合实际或模拟的创业项目，填写以下现金流量计划之《现金流量预测表》

表八：现金流量计划之《现金流量预测表》

		1月	2月	3月	4月	5月	6月	7月	8月	9月	10月	11月	12月	合计
现金流入	月初现金													
	现金销售收入													
	赊销收入													
	贷款													
	其他现金流入													
	可支配现金（A）													
现金支出	原材料													
	房租													
	水电费													
	工资													
	差旅费													
	通信网络费													
	运杂费													
	办公费及耗材													
	其他费用													
	场地投资													
	设备投资													
	开办费													
	流动备用金													
	押金													
	税金													
	现金总支出（B）													
月底现金（A-B）														

● 以上现金流量预测中现金流最低的月份和最高的月份分别是几月？为什么？

● 以上现金流量预测中有没有遇到现金流量为0的月份？遇到这种情况应该怎么办？

如何识别不靠谱的投资人？

参照第111页《9-2 创业计划书与融资渠道》情景图D中的D1-D10，完成以下任务并上台翻转课堂。

没钱
还乱约创业者

已经投资了你的对手
还把你叫过去问数据

集体决策，拖而不决

先签排他协议
再拦腰砍价

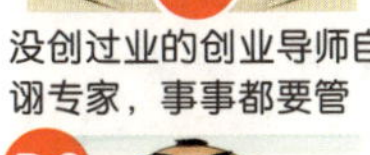

没创过业的创业导师自诩专家，事事都要管

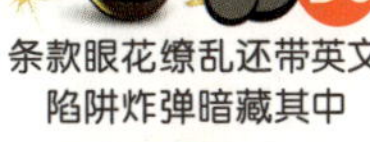

条款眼花缭乱还带英文
陷阱炸弹暗藏其中

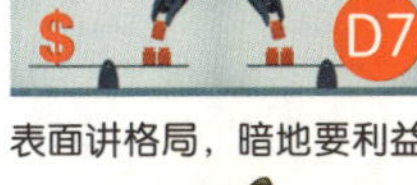

表面讲格局，暗地要利益

D8
自以为是地
搞出一堆对赌条款

吹嘘背景关系
实际形同骗子

威胁恐吓，要求估值打折

1. 靠谱和不靠谱的投资人如何识别？

2. 阐述一个创业者与投资者成功合作的故事，从中你学习到了什么？

3. 阐述一个创业者与投资者合作关系破裂的故事，从中你学习到了什么？

"十四五"职业教育国家规划教材

经全国职业教育教材审定委员会审定

创新创业课程资源库

案例 ● 教案 ● 音视频 ● PPT课件 ● 电子教材

策划方案 ● 课程思政资料和图片 ● 创业计划书

扫描二维码，学习二十大主要精神

创新创业10步法

创新创业第十步：企业创办与经营模式

10-1 公司注册相关流程与商标注册、专利申请

10-1 公司注册相关流程与商标注册、专利申请

A 公司工商注册登记基本流程

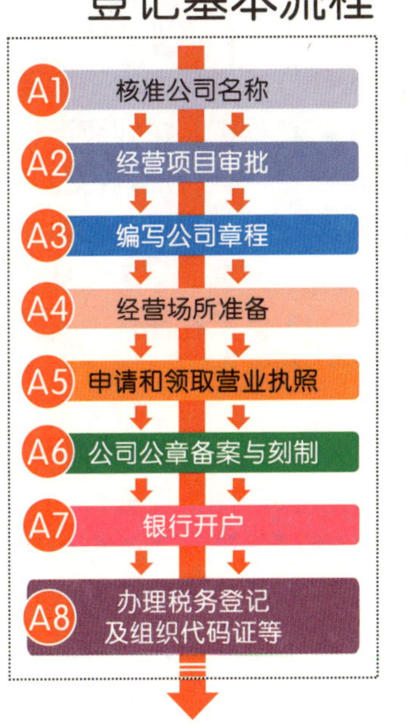

B 公司注册流程分解

B1 新公司核名

1. 新公司名称构成

行政区划 + 名称 + 行业特点 + 组织形式

例1：广州采纳企业管理顾问有限公司　例2：广东卓启投资有限公司

2. 新公司名称起名4–5个

3. 可去当地工商局现场核名，也可去工商局网站核名（提交了核名资料以后，需要等待1~3个工作日才能出结果，如果核名结果不通过，需要重新申请。）

4. 公司注册核名时，需要填写企业名称预核准申请书。

B2 经营项目审批

经营项目分一般经营项目和许可经营项目。一般经营项目是不需要批准，自主申请经营的项目，公司经营项目属一般经营项目。

许可经营项目是指企业在申请登记前依据法律、行政法规、国务院决定应当报经有关部门批准的项目，例如：医疗许可证，销售医疗类商品；卫生许可证，食品生产等。

根据《公司法》的规定，公司经营范围由公司章程规定。公司作为企业法人，依法享有经营自主权，所以应当有权自主决定在什么领域中从事经营活动。因此，公司的经营范围，不应当由政府行政主管部门确定或指定，而是应当由公司自行确定，这是符合社会主义市场经济基本要求的。公司章程作为公司组织和行为的基本规则，对公司的类型、宗旨、组织机构设置等涉及公司根本性、方向性的重大问题做出规定，为公司的设立和设立以后的运行提供一个基本准则。

B3 办理工商登记以及公司设立

1. 公司法定代表人签署《公司登记设立登记申请书》
2. 董事会签署《指定代表或共同委托代理人的证明》
3. 由发起人签署《股东会决议》，或由会议主持人和出席会议的董事在股东大会或创立大会会议记录上签字。
4. 全体发起人或全体董事在《公司章程》上签字
5. 准备注册股东的自然人身份证复印件
6. 准备董事、监视和经理的任职文件及身份证复印件。
7. 准备法定代表人任职文件及身份证复印件
8. 提交《住所使用证明》
9. 提交《企业名称预先核准通知书》

办理工商登记和公司设立的流程包括编写公司章程、经营场所准备、申请和领取营业执照等。

B4 公司公章备案与刻制

1. 需准备的资料
- 营业执照副本原件及复印件
- 法人身份证原件及复印件
- 委托人身份证原件及复印件

2. 到当地公安局指定地点刻制公章（营业执照一月内必须办理好公章备案手续，大部分的公章备案手续都由公安局指定的正规刻章公司代办）

3. 需要刻制的印章
- 公司公章
- 公司财务章和银行财务印章
- 公司发票专用章
- 公司法人代表人个人印鉴

B5 选择银行开设公司基本账户

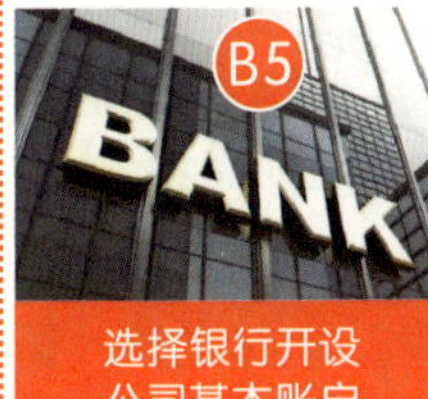

1. 根据就近、方便的原则，选择一个开户银行。
2. 需要准备的材料：
- 营业执照副本原件及复印件
- 组织机构代码证原件及复印件
- 税务登记证原件及复印件
- 公章、法人代表人印鉴、财务章
- 签订扣税协议

注："三证合一"后，只需带营业执照副本原件及复印件，无需组织机构代码证和税务登记证。

现在已经"三证合一"，就是将企业依次申请的工商营业执照、组织机构代码证和税务登记证三证合为一证，不用再另外申请组织代码证和税务登记证。为与之前内容有所衔接，特介绍一下之前办组织机构代码证和税务登记证需要提交的资料。

B6 办理组织机构代码证

办理企业组织机构代码证需准备的材料：
- 营业执照副本原件及复印件
- 企业法人身份证原件及复印件
- 经办人身份证原件及复印件
- 企业公章

B7 办理税务登记证

办理企业税务登记证需准备的材料：
- 营业执照副本原件及复印件
- 组织机构代码证原件及复印件
- 房屋租赁合同原件及复印件
- 企业公章

C 商标与商号

C1 商标与注册

商标（trade mark）是一个专门的法律术语。品牌或品牌的一部分在政府有关部门依法注册后，称为"商标"。商标受法律的保护，注册者有专用权。国际市场上著名的商标，往往在许多国家注册。

商标有"注册商标"与"未注册商标"之区别。注册商标是在政府有关部门注册后受法律保护的商标，未注册商标则不受商标法律的保护。

C2 商标分类（45大类）

01类－化学原料	02类－颜料油漆	03类－化妆品	04类－燃料油脂	05类－医药卫生
06类－五金金属	07类－机械设备	08类－手工器械	09类－数码	10类－医疗器械
11类－家电	12类－运输工具	13类－军火烟花	14类－珠宝钟表	15类－乐器
16类－文化用品	17类－橡胶制品	18类－皮具箱包	19类－建筑材料	20类－家具
21类－日用品	22类－绳网袋蓬	23类－纺织纱线	24类－床上用品	25类－衣服鞋帽
26类－花边拉链	27类－地毯席垫	28类－体育玩具	29类－干货奶油	30类－食品调料
31类－水果花木	32类－啤酒饮料	33类－酒	34类－烟草烟具	35类－广告贸易
36类－金融物管	37类－建筑修理	38类－通讯电信	39类－运输旅行	40类－材料加工
41类－教育娱乐	42类－科研服务	43类－餐饮酒店	44类－医疗园艺	45类－社会法律

C3 商标查询

http://home.saic.gov.cn/

国家工商总局官网之"商标查询"

C4 商号与商号查询

商号即商家字号，在当地工商局经核准登记注册，一般而言，商标必须与其所依附的特定商品相联系而存在，而商号则必须与生产或经营该商品的特定商家相联系而存在。注册的商号具有地域性，而国家注册商标一般只受注册类别限制而不受地域限制。

D 如何申请专利?

D1 专利申请的类型

new **实用新型专利** 是指对产品的形状、构造或者其结合所提出的适用于实用的新的技术方案。专利保护期限为10年，专利申请周期为9个月左右。

外观设计专利 是指对产品的形状、图案或者其结合以及色彩与形状、图案结合所做出的富有美感并适合应用的新设计。专利保护期限为10年，专利申请周期为9个月左右。

发明专利 是指对产品、方法或者其改进所提出的新的技术方案。专利保护期限为20年，专利申请周期为2–3年。要求"与申请日以前的已有技术相比，有突出的实质性特点和显著进步"，需进行实质性审查。

D2 申请专利步骤

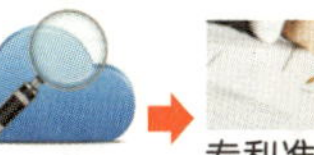

专利检索

专利准备和相关资料填写

国家知识产权局专利受理

委托专利代理人代办专利申请，利于提高申请专利的通过率。

收到授权通知书和办理登记手续通知后，需在2个月内办理登记手续并缴费。否则视为放弃专利权的权利。

办理专利权登记手续和缴费

E 关于联合办公

联合办公概念兴起于美国硅谷，特别适合小型的创业团队。

联合办公是一种为降低办公室租赁成本而进行共享办公空间的办公模式，来自不同公司的个人在联合办公空间中共同工作，共享办公环境，独立完成各自项目。

目前在中国提供类似服务的运营商主要分为两类：

一类是为1–10人企业提供小型临时办公场所的"商务中心"和"服务式办公室"，主要定位相对高端的个人创业者。这类联合办公运营商主要有雷格斯（美国），德时行（中国香港），宏图世服（澳洲），以及中国大陆的无界空间等。

E1

一类是为5–100人企业提供租期、面积、成本和服务都具备灵活性的"柔性办公基地"，主要通过提供一些成本较低的联合办公位作为其产品系列的配搭，主要定位中端、对成本较为关注的企业。这类联合办公运营商主要有WE+联合办公、氪空间、米域等。

E2

10-1 公司注册相关流程与商标注册、专利申请

创业知识管理

【问题聚焦】

在这个知识经济快速发展的时代，企业要想保持持续的竞争力，就必须清楚地认识到知识是企业最宝贵的财富，而建立知识管理体系则是企业在竞争中制胜的利器。它能够把企业分散的、被单个员工所掌握的知识变为系统的、被整个企业所拥有的知识，并最终将知识变为企业的竞争力。还能够帮助企业培育并形成新知识不断产生的环境、机制和人，推动企业将已有的知识推陈出新并不断创造新的价值。

知识管理类工具

【工具名称】

● 知识管理类工具，如语雀、Thoughts等。

【工具介绍】

● 语雀与Thoughts均是知识管理应用，他们能够为企业提供可协作的结构化的文档，还支持团队轻松流畅的工作协同，避免企业内部的知识碎片化和知识孤岛化，将知识积累和沉淀下来，并在团队中有效流动，产生更大价值。此外，除以上功能外，语雀还可以面向个人，建立个人知识库。

【应用场景】

● 很多企业在发展过程中，随着规模的不断扩大，会发现企业所拥有的信息、技巧、经验、总结等知识变得越来越分散和难于管理，那些掌握关键知识的员工的流失也会给企业带来惊人的损失，使企业的竞争能力和创新能力受到严重限制。因此，创业团队在组建之初，就应当将企业知识管理理念渗透到战略管理中，在企业发展和团队规模扩大过程中，企业应当始终坚持将碎片化的知识和经验进行沉淀，形成企业知识库，将隐性的知识显性化、电子化，倡导员工对知识进行识别、收集、分类、沉淀、分享、学习以及持续创新，并在日常工作中，让知识体系在团队中有效流动，由此才能持续提升团队的创造力。

【应用方式】

● 建立企业知识管理体系可以按照此步骤进行：第一，制定知识管理战略。企业管理者首先明确企业的定位、发展战略内容等，并基于这些内容形成企业知识管理的目标和战略。第二，落实企业知识体系。企业在落实知识管理体系时，可以由下而上，以人为主导，以点带面逐步推广；也可以以信息化平台为主导，由上而下全面铺开。目前，如上文提到的语雀、Thoughts等均是主流的知识管理信息化应用，他们能够实现企业知识的积累与共享，并提供可协作的结构化文档模版，员工可以通过可协作的结构化文档，规范文档内容，提升员工间的协同效率。除此之外，语雀还能够支持员工个人构建属于自己的知识库，用来编写和记录个人笔记、收集和整理资料等。

● 值得注意的是，无论是企业还是个人，无论选择哪种平台，构建知识体系的重点在于领会和应用知识管理的理念、方法以及知识本身，而非追求系统与形式的完备。

我的行动

我对知识管理工具的了解程度：	○第一次听说 ○听过但没用过 ○用过
我计划在项目中如何使用这类工具：	

信息化管理

【问题聚焦】

信息化管理是以信息化的方式实现企业管理现代化的过程，它能够将现代信息技术与先进的管理理念相融合，整合企业内外部资源，提高企业效率与效益，增强企业的竞争力。这里介绍两种在企业发展运营过程中，最常见的信息化管理工具。

信息化管理之思维可视化工具

【工具名称】

● 思维导图类工具，如Mindmanager、Xmind、ProcessOn、MindMaster等。

【工具介绍】

● 思维导图是一种将思维形象化的方法，它是一种使用中央关键词或想法以辐射线形连接所有的代表字词、想法、任务或其他关联项目的图解方式。在我们日常工作中，它能够运用图文并重的技巧，把各级主题的关系用相互隶属与相关的层级图表现出来，并把主题关键词与图像、颜色等建立记忆链接，是工作比较常见的一种思考辅助工具。

【应用场景】

● 思维导图类工具的应用场景非常广泛，可以应用在工作、学习、生活的任何领域当中。下面列举几种工作中常见的思维导图应用场景：

（1）构建管理框架。企业在制定管理制度时，首先要对管理的现状进行分析，找出管理中存在的问题，并分析问题产生的原因，才能够为管理制度的制定提供依据。使用思维导图的好处就是能够将制度的设计、制作更加逻辑化、结构化，使得制度的设计者能够把管理和工作放在管理和工作的框架设计上，合适的框架是制度是否适合企业实际情况的关键。此外，企业设计管理制度必须组织有关部门进行研讨分析，在研讨分析制度时，就可以利用思维导图来就制度的框架进行分析，确定制度的框架以后，再对某一主题的细节进行修改，如此既可系统地构建全局，又可顾及局部。

（2）制定计划。思维导图可以应用于工作计划的制定，计划可以按照时间或项目划分，将繁杂的日程整理清晰。

（3）头脑风暴。头脑风暴是团队建设过程中一个重要的解决问题、激发创意的方式。当企业在工作或生产中遇到问题需要组织团队成员开展头脑风暴时，就可以通过思维导图来记录、整理员工的想法，这样就能快速收集成员方案与对策，聚焦讨论的核心。

（4）记录笔记。传统的笔记记录大篇的文字，内含众多无用的修饰词，不易找出重要知识点，思维导图记录笔记将大篇幅内容进行拆分，找到从属关系，缩减文字数量，便于理解与记忆。

（5）展示。思维导图简洁的表述方式可以更快速清晰地将演讲者的思路进行传达，使接受者更容易理解演讲者要传递的内容。

● 值得注意的是，企业的信息化管理可以借助思维导图类工具来实现内涵式发展，但是，如果管理者过分侧重于思维导图的绘制，就本末倒置了。管理者应该站在更高层面，研究如何将自己的思维可视化，从而更好地让员工理解和吸收。

我的行动

我对思维导图工具的了解程度：	○第一次听说 ○听过但没用过 ○用过
我用思维导图分析三件事：	

10-1 公司注册相关流程与商标注册、专利申请

翻转课堂情景任务

参见第125页翻转课堂情景图，团队按以下任务进行分工合作，在任务纸或大画纸上完成。

1. 结合实际或模拟的创业项目，画出工商注册登记基本流程图。

2. 讲述一个你知道的企业工商注册的故事。新公司核名有哪些流程？新公司经营项目的选择有哪些规定？办理工商登记一级公司设立有哪些流程和要求？

3. 公司公章备案与刻制有哪些流程与要求？公司在银行开设基本账户有哪些流程和要求？什么是“三证合一”？“三证合一”简化了哪些公司注册流程？

4. 根据企业和团队的行业和项目产品特点以及市场策略，在45大类商标中选择要注册哪些大类，并阐述理由。根据已经设计好的商标图案和中、英文，登陆国家工商总局官网进行商标查询，进入商标查询窗口后查询选择的大类能否注册？

5. 根据已拟定的商标中文，登陆“红盾网”，查询在自己所在的城市能否工商注册商号？如何注册不了，有何对策？

6. 举例阐述：专利申请有哪些类型？专利申请有哪些流程？操作要点如何？

7. 什么是联合办公？联合办公有哪些类型的运营商？你所在的城市有哪些联合办公的场地？

讨论记录区

创新创业课程资源库

案例 • 教案 • 音视频 • PPT课件 • 电子教材

策划方案 • 课程思政资料和图片 • 创业计划书

扫描二维码，学习二十大主要精神

10-1 公司注册相关流程与商标注册、专利申请

信息化管理之企业沟通工具

【工具名称】

● CRM（客户关系管理）系统，如八百客、销售易、分享销客、企客宝等。

【工具介绍】

CRM系统能够利用信息技术为企业建立一个客户信息收集、管理、分析和利用的信息系统，它能够以客户数据的管理为核心，记录企业在市场营销和销售过程中和客户发生的各种交互行为，以及各类有关活动的状态，提供各类数据模型，为企业的分析决策提供支持。

【应用场景】

● 调查分析，资料归档整理。在开发客户之前，销售人员或企业会进行相关的调查，并根据经验或行业特点对所获取的客户资源进行分层，然后针对这些资料可以在CRM中建立一个基础档案。以往的客户资料都是通过纸质文档进行存储管理，而通过CRM系统，销售人员可以随时随地地录入客户资料、及时更新客户信息变动，确保信息的完整性。

（1）优化销售流程，促进客户开发。由于CRM建立了客户与企业打交道的统一平台，并且将销售、客服、售后、客户关怀连成一个有机的整体，客户与企业一接触就可以完成多项业务，因此办事效率大大提高。另一方面CRM系统可以帮助企业实现一对一营销，一个销售员对应一个客户经理，避免撞单现象的发生，提升工作效率，增强团队凝聚力。CRM系统可以清晰地记录销售的每一个环节，每一个工作进度。因此，管理者可以通过销售日报及时掌握最新动态，让销售工作的管理更加有序。

（2）专业的数据分析，优化企业管理。可将CRM系统理解成一个数据库，这里存放着企业从各种渠道获得的客户线索、成交客户信息和销售过程中新增的信息等，企业根据这些数据可以统计客户来源、年龄、员工业绩等，进而分析客户生命周期、需求和预测未来销售，为下一步决策做准备，最大化满足企业差异化需求。数据分析报告能为企业更好地了解客户行为，分析客户喜好，并有针对性地提供更优秀的产品及服务。CRM系统可以把企业从复杂的EXCEL表格中解放出来，在最短的时间内帮助企业完成复杂的数据分析，从而进行科学决策。

（2）提升服务效率，做好客户关怀。客户是上帝，只有做好了客户的服务工作，及时处理客户意见和建议，获得客户信任，提高客户黏性，充分挖掘每一个客户的价值，让他们为企业创造更多的效益。CRM很好地充当了客户和企业之间沟通的桥梁，可以让客户的诉求迅速转接到相应的负责人。CRM系统可以协助企业人员进行定期回访老客户，提高老客户满意度。CRM可促成二次销售或传播正面的企业口碑，及时重视客户的售后反馈有利于改进产品和服务。

（3）营销自动化，促进企业发展。CRM管理系统使企业可以更全面地分析客户以及市场信息，将客户管理的工作流程化，简单化，节省时间和精力，为客户提供更好的产品和服务，从而促进成交，提升业绩。CRM系统帮助企业解决发展过程中遇到的问题，帮助企业提升工作效率，优化工作流程，把企业各个部门、各个员工的零散工作梳理成一个整体，让企业的工作可以高效有序地运行。

● 需要注意的是，CRM产品不是千篇一律的，有些CRM侧重于市场、营销、售后服务等全流程管理，有些CRM侧重于外勤管理，对于管理销售人员外出拜访客户有很好的效果，还有些CRM擅长于处理业务信息，降低企业成本等。不同的行业之间业务发展情况、商业模式等都有着很大的差别，因此对于初创企业在选择CRM系统时，首先要了解自身的发展情况和实际需求，再根据所处行业的差异来选择CRM。

"十四五"职业教育国家规划教材

经全国职业教育教材审定委员会审定

创新创业课程资源库

案例 • 教案 • 音视频 • PPT课件 • 电子教材

策划方案 • 课程思政资料和图片 • 创业计划书

扫描二维码，学习二十大主要精神

创新创业10步法

创新创业第十步：企业创办与经营模式

10-2 初创型企业运营与管理探索

• 可视化翻转课堂图 •

10－2 初创型企业运营与管理探索

A 企业运营你看重什么?

A1

顾客价值是一种以顾客为中心的思维方式：顾客的需求和偏好是什么？我们用什么方式来满足这些需求和偏好？最适合这种方式的产品和服务是什么？

顾客和企业共同创造企业的价值。

顾客价值

A2

经营成本

企业经营追求的是有竞争力的合理成本，而不是追求最低成本。优秀企业的成本优势，有的源于企业的时间效率和管理效率，有的源于发挥员工的智慧。企业成本的流程成本和沉没成本常常没有引起初创型企业的重视，具有竞争力的成本第一个来源就是产品与服务要符合顾客的期望。

A3 规模效应

规模的本质是竞争，而不是顾客。在企业经营上，有三个评判标准：顾客满意度、员工满意度和现金流。规模必须是有效的，而不是最大的。企业追求规模是为了有效地获得成本优势和市场影响力，而不是规模本身。

A4 企业盈利

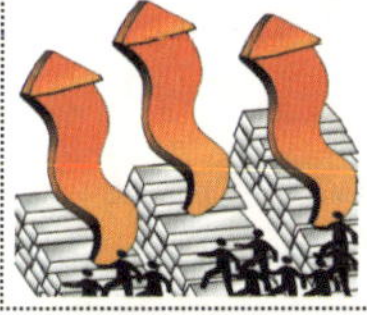

盈利是企业的根本，如果一个企业源头是没钱的，尾部是花钱的，那这个企业经营是不可持续的。

企业既要承担起社会期望的价值，又要具有人性关怀的盈利。企业要赚钱，需要解决与顾客的关系、与企业自身发展的关系。

B App用户运营四要素

B1 拉 新

B2 留 存

B3 促 活

B4 转化（营收）

C 从五大运营系统去评估创业胜算

C1 1号系统：团队

一个团队层次有多高取决于团队的短板，一个团队的前途有多远，取决于团队的领路人。

0 1 2 3 4 5 6 7 8 9 10 11 12 13 14 15 16 17 18 19 20

C2 2号系统：资金

企业运营过程中，资金的流转、应用、收入，都跟公司的发展、管理、存亡息息相关。要善于发挥无形资本（时间、精力、抱负、思考）和辅助有形资本（资金、人力、原料、社会关系）的作用。

0 1 2 3 4 5 6 7 8 9 10 11 12 13 14 15 16 17 18 19 20

C3 3号系统：渠道

在企业运营中，特别是在制定企业策略的时候，都要研究渠道，既要考虑买的人，也要考虑卖的人。在运营企业渠道系统时，必须细分目标渠道，并确保渠道的稳定、通畅和效率。

0 1 2 3 4 5 6 7 8 9 10 11 12 13 14 15 16 17 18 19 20

C4 4号系统：产品

产品运营系统，靠的不单是技术上的创新，还要综合包装、品牌、价格、市场的相互作用，在完整的统筹下发展并完善，使产品系统的运营得心应手。

0 1 2 3 4 5 6 7 8 9 10 11 12 13 14 15 16 17 18 19 20

C5 5号系统：计划

凡是运营必须有计划，凡是计划必须有结果，凡是结果必须有责任，凡是责任必须有检查，凡是检查必须有奖罚。你不主动去计划，就会被变化。

0 1 2 3 4 5 6 7 8 9 10 11 12 13 14 15 16 17 18 19 20

D 波士顿矩阵

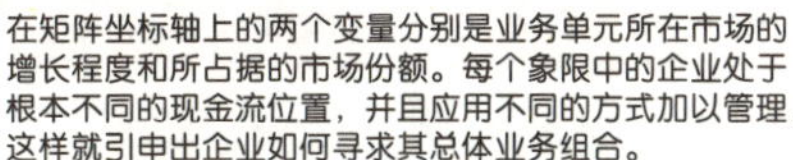

在矩阵坐标轴上的两个变量分别是业务单元所在市场的增长程度和所占据的市场份额。每个象限中的企业处于根本不同的现金流位置，并且应用不同的方式加以管理，这样就引申出企业如何寻求其总体业务组合。

E 避开创业管理的18个“坑”

10-2 初创型企业运营与管理探索

公共服务资源

【问题聚焦】

创业时如何利用资源、创业者能否成功地开发机会，进而推动创业活动向前发展，通常取决于他们掌握和能整合到的资源，以及资源利用能力。许多创业者早期所能获取与利用的资源都相当匮乏，而优秀的创业者在创业过程中所体现出的卓越创业技能之一就是创造性地整合和运用资源，其中包括公共服务资源。

本节内容所讲的公共服务资源不是指我们传统意义上的公共生活服务资源，而是指在创业过程中，能够为创业团队和创业项目提供公共技术支持与服务的组织资源。

云计算服务

【工具名称】

● 云计算服务提供厂商，如阿里云、腾讯云、华为云等。

【工具介绍】

● 云计算（cloud computing）是分布式计算的一种，目前有很多云服务厂商能够向用户提供公有云、私有云以及混合云等多形式的云服务。其中，公有云是最基础的服务，成本较低，它可以向多个客户提供共享一个服务提供商的系统资源，他们无需架设任何设备及配备管理人员，便可享有专业的IT服务，这对于一般创业者、中小企业是一个降低成本的好方法。

【应用场景】

● 存储云。存储云，又称云存储，是在云计算技术上发展起来的一个新的存储技术。用户可以将本地的资源上传至云端上，可以在任何地方连入互联网来获取云上的资源，如大家所熟悉的百度、微云、谷歌、微软等大型网络公司均有云存储的服务。存储云向用户提供了存储容器服务、备份服务、归档服务和记录管理服务等，大大方便了使用者对相关资源的管理。

● 医疗云。医疗云，是指在云计算、移动技术、多媒体、5G通信、大数据以及物联网等新技术基础上，结合医疗技术，使用“云计算”来创建医疗健康服务云平台，实现了医疗资源的共享和医疗范围的扩大。像现在医院的预约挂号、电子病历、医保等等都是云计算与医疗领域结合的产物，医疗云还具有数据安全、信息共享、动态扩展、布局全国的优势。

● 金融云。金融云是指利用云计算的模型，将信息、金融和服务等功能分散到庞大分支机构构成的互联网“云”中，它可以为银行、保险和基金等金融机构提供互联网处理和运行服务，同时共享互联网资源，从而解决现有问题并且达到高效、低成本的目标。例如，将金融与云计算的结合后，只需要在手机上进行简单操作，就可以完成银行存款、购买保险和基金买卖。

● 教育云。教育云可以将所需要的任何教育硬件资源虚拟化，然后将其传入互联网中，为教育机构和学生老师提供一个方便快捷的平台。现在流行的慕课就是教育云的一种应用。

我的行动

我所创业的行业是：	
目前云计算或云服务在该行业的应用情况是：	
我计划在项目中这样应用云计算或云服务：	

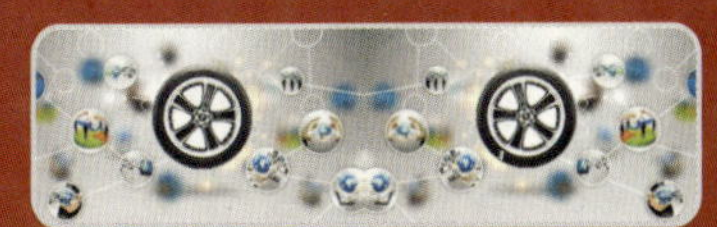

10-2 初创型企业运营与管理探索

项目孵化服务

【工具名称】

● 各地的众创空间、孵化器等。

【工具介绍】

● 众创空间与孵化器能够为新创办的科技型中小企业提供物理空间和基础设施，为创业企业提供项目辅导、资金补助，以及为创业者之间、创业者与投资人之间、初创企业和成熟企业之间搭建业务或资本合作的桥梁，进而降低创业者的创业风险和创业成本，提高创业成功率，促进科技成果转化，培养成功的企业和企业家。

【入驻方式】

● 近几年，各地政府均在推进地方上的孵化器建设工作，孵化器已经从星星点点发展到遍地开花。创业企业如果想要入驻孵化器，可以直接和孵化器、园区联系进驻事宜，也可以参加一些线下等项目路演活动，感兴趣的创服机构或者孵化器本身也会推荐或联系创业企业入驻。创业者在入驻孵化器时，首先要根据自己的项目属性考察孵化器及园区背后的投资人资源，其次，也要综合考量相关的政策支持程度。

我的行动

我所在的地区是：	
目前该地区有哪些孵化器或众创空间：	
我希望我的项目能够入驻的孵化器或众创空间是：	
我的项目离我目标的孵化器或众创空间还有哪些差距：	

实训活动

【了解大学生创业孵化器与孵化园政策】

查询自己所在城市和高校的大学生创业孵化器与孵化园有哪些？咨询相关政策，讨论这些政策对自己创业有哪些帮助？

课程思政

团队讨论：

当代大学生在创业过程中要成为什么样的人？如何成为社会主义事业接班人？如何为人民服务？

10-2 初创型企业运营与管理探索

翻转课堂情景任务

参见第131页翻转课堂情景图，团队按以下任务进行分工合作，在任务纸或大画纸上完成。

1.举例阐述：经营四要素有哪些？你是如何看待企业经营的？你如何经营现在的项目？

2.举例阐述：你开发了一个App，如何拉新？如何留存？如何存活？如何将用户转换为营业收入？

3.多角度举例阐述：你所在的团队或企业如果问题产品、明星产品、瘦狗产品、金牛产品等四类产品都有，如何按比例进行产品组合？

4.你对所在团队或企业的“团队”“资金”“渠道”“产品”“计划”如何评价？

5.根据个人、团队和企业情况，评估一下你在创业管理方面挖了哪些“坑”？是什么原因造成的？

6.根据个人、团队和企业情况，多角度举例阐述：创业管理方面最大的“坑”是什么？创业管理方面最容易掉进去的“坑”是什么？如何避免？

讨论记录区

创新创业课程资源库

案例 • 教案 • 音视频 • PPT课件 • 电子教材

策划方案 • 课程思政资料和图片 • 创业计划书

扫描二维码，学习二十大主要精神

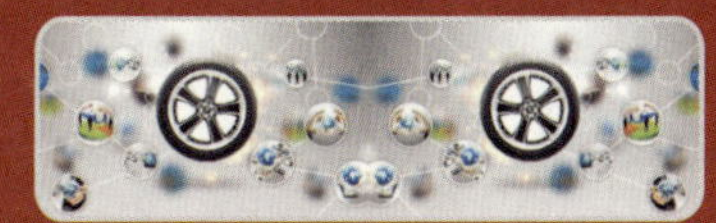

10-2 初创型企业运营与管理探索

经营企业四大关注要点

1.顾客价值

● 顾客价值是一种以顾客为中心的思维方式：顾客的需求和偏好是什么？我们用什么方式来满足这些需求和偏好？最适合这种方式的产品和服务是什么？顾客和企业共同创造企业的价值。

2.经营成本

● 企业经营追求的是有竞争力的合理成本，而不是追求最低成本。很多优秀企业的成本优势，有的源于企业的时间效率和管理效率，有的源于发挥员工的智慧。企业成本的流程成本和沉没成本常常没有引起初创型企业的重视，具有竞争力的成本第一个来源就是产品与服务要符合顾客的期望。

3.规模效应

● 规模的本质是竞争，而不是顾客。在企业经营上，有三个评判标准：顾客满意度、员工满意度和现金流。规模必须是有效的，而不是最大的。企业追求规模是为了有效地获得成本优势和市场影响力，而不是规模本身。

4.企业盈利

● 盈利是企业的根本，如果一个企业源头是没钱的，尾部是花钱的，那这个企业经营是不可持续的。企业既要承担起社会期望的价值，又要具有人性关怀的盈利。企业要赚钱，需要解决与顾客的关系、与企业自身发展的关系。

打造团队执行力

1. 分工合理

● 根据团队成员的特长、能力和意愿进行分工配合。有人擅长谋略，有人擅长沟通，有人擅长技术，每个人只有在做自己认同和热爱的事情才能产生持续激情和迸发巨大能量。

2. 责任清晰

● 团队和企业里经常看到这样的情况：发现问题的人抱怨、制造问题的人推诿、解决问题的人居功自傲。这种情况往往是工作职责界定不清晰造成的，团队成员责任清晰是团队执行力的基础。

3. 目标明确

● 看见目标就看不见障碍，团队的目标越明确，人心容易凝聚。一个有坚定目标的团队成员既经得起诱惑也受得起折腾，团队执行力当然出色。

4. 方法正确

● 当团队确定了正确的方向，接下来最重要的就是把事情做对，当团队遇到问题时，选择正确的方法处理问题，会取得事半功倍的效果。

5. 跟踪指导

●跟踪指导的过程就是检查、修正和优化的过程。团队在执行力的过程中存在着一个误区：只看结果，不问过程。但如果不关注过程，很可能导致执行中动作变形，执行过程中不检查很可能看不到想要的结果。

6. 奖罚分明

● 对团队而言，如果奖一人可以振千军，倾尽所有都要奖；罚一人可以平民愤，天王老子都要罚。一个奖罚分明的团队一定是纪律严明的。

7. 制度保障

●对工作要进行检查必须先有制度，制定制度之前必须先建立工作标准，没有制度保障是做不到奖惩分明的，自然难有好结果。

创业型大学在成长

广东岭南职业技术学院创业实训基地之后街

创业课程要与行业相结合才能焕发生命力

广东岭南职业技术学院行业创业技能培训介绍

创业技能训练跨专业集训营和“2+1”创业综合实操特训营是广东岭南职业技术学院创业型大学建设中的主要特色之一，管理工程学院是创业训练的主导学院，众创空间是管理工程学院的创新创业项目训练基地，也是创新创业系列课程教学实训室。创业技能训练跨专业集训营和“2+1”创业综合实操特训营有四大支柱，团队、项目、导师、创业训练特色教材，具体如下：

（1）关于团队：创业训练必须依托于团队，一个人可能可以走得更快，但一群人可以走得更远，一个人包打天下的日子已经过去了。

（2）关于项目：项目分为模拟创业项目和真实创业项目。创业技能训练跨专业集训营主要用于训练模拟创业的项目团队，“2+1”创业综合实操特训营主要用于训练真实创业的项目团队。

（3）关于导师：创业团队训练必须要有创业导师现场指导，每期的创业技能训练跨专业集训营和“2+1”创业综合实操特训营都会有6名导师在现场进入20个左右的团队，导师对每个环节的指导贯穿全部训练过程。

（4）关于创业训练特色教材：以广东岭南职业技术学院首席创业导师陈宏为首开发的情景式、可视化、全彩色创业训练特色教材是创新创业训练的基石。情景式、可视化的呈现是学生翻转课堂的前提，学生翻转课堂又能将创业理念转换为动作，只有动作化才能进行真正的创业训练，这样的训练才能出成果。

广东岭南职业技术学院管理工程学院是行业技能训练的践行者

1. 管理工程学院LOGO外框是一个六边形，代表着管理工程学院的六个专业：红边（物流管理）、橙边（酒店管理）、黄边（工商企业管理）、绿边（人力资源管理）、蓝边（市场营销）、紫边（中小企业创业与经营）。

2. 管理工程学院LOGO六边形形似管理工程学院G的拼音字母，中间是用殿堂构成的“工”字，寓意构建管理工程的特色。“工”字所在的紫色六角形与中小企业创业与经营的紫色相连，寓意着创新创业是管理工程学院向外展示特色的桥梁。

广东岭南职业技术学院
行业专业技能培训基地

作者致谢

在《创新创业10步法》教学实践探索过程中得到广东岭南职业技术学院原创业管理学院张锦喜院长、教务处翟树芹处长、管理工程学院牛玉清院长、许宝利副院长的指导，以及中小企业创业与经营专业（广东省二类品牌专业建设）负责人刘隽老师的帮助，在此向他们表示衷心感谢！

在《创新创业10步法》撰写和设计过程中得到肖自美教授、陈志娟教授、梁铭津女士的关心和支持，在此表示深深感谢！与此同时，对南京大学出版社编辑老师在此书出版过程中的辛勤付出表示衷心的感谢！